누구나
쉽고 재미있게

사고력 수학

노크

B3
(9~10세)

평면도형

이 책을 보시는 부모님들께

머리가 좋아야 수학을 잘 한다는 말이 있습니다. 또, 수학을 잘 못하는 아이는 아빠, 엄마의 머리를 물려받아서 그렇다는 등의 난데없는 유전자 논쟁이 벌어지기도 합니다. 하지만 많은 사람들의 일반적인 생각과는 달리 이는 근거없는 이야기입니다. 외국의 한 연구 기관에서 언어, 사회, 수학, 과학의 네 가지 분야 중 어떤 것이 아동의 선천적 재능에 영향을 받는지 조사한 연구 결과를 발표했는데 일반적인 예상과는 다르게 선천적 재능에 영향을 받는 순서는 사회, 언어, 과학, 수학 순이었습니다. 다시 말해, 수학은 여러 학문 분야 중 선천적인 재능보다는 후천적인 환경이나 교육자, 학습자의 노력에 가장 큰 영향을 받는 학문이라 볼 수 있습니다. 수학의 가장 기본이 되는 '수 영역'의 예를 들어 보겠습니다. 아이들이 수를 처음 접하는 시기의 차이는 있지만 실제 수에 대한 감각과 수를 다루는 연습은 생활 속에서의 체험이나 다양한 활동, 학습 속에서 이루어집니다. 즉, 수학의 가장 기본이 되는 수는 선천적으로 가진 재능과는 거의 연관이 없으며 자라나면서 어떤 환경에 놓이는지, 얼마나 많이 수를 생각할 수 있는 기회가 있는지, 나이에 맞는 올바른 학습을 만날 수 있는지에 좌우됩니다. 그러므로 아이의 수학적 발달에 문제가 있다면, 그 아이가 누구를 닮아서 그런지, 지능이 떨어지는지를 따질 것이 아니라 수학적 힘을 기를 수 있는 학습 환경을 어떻게 만들어줄 것인가를 고민해야 합니다.

국제영재교육연구소의 랜즐리 소장은 영재의 기준을 마련하기 위해 여러 연구를 시행한 결과, 영재의 공통적인 특징들을 발견하였습니다. 첫째는 115 이상의 지능지수(IQ), 둘째는 창의력(Creativity), 셋째는 동기적 요소라고 부르는 끈질긴 근성과 과제집착력이었습니다. 이들 세 가지 요소 역시 선천적으로 타고 나는 부분도 물론 있겠지만 대부분 후천적인 학습이나 교육 활동을 통해 기를 수 있는 능력이라는 데에 이의를 제기하기는 힘듭니다.

이 처럼 수학적 능력은 후천적 학습 환경에 주로 좌우되며, 특히 어린 시절에는 그러한 경향이 더더욱 두드러집니다. 하지만 우리의 아이들을 둘러싼 수학적 환경을 다시 한 번 돌아봅시다. 초등학교를 들어가기 전부터 과도한 학습량과 무의미한 반복 활동, 이후의 수학 학습에 오히려 방해가 될 정도로 무리한 선행 학습 등의 환경은 아이의 수학적 힘을 길러주기보다는 수학에서 가장 중요한 창의적 사고력을 기를 수 있는 기회를 박탈함과 동시에 수학에 대한 흥미를 급속하게 떨어뜨리게 하여 수학으로 문제를 해결하려는 의지, 즉 수학적 동기를 스스로에게 부여하는 것을 불가능하게 만들어 버립니다. 중요한 것은 남들보다 먼저, 그리고 더 많이 수학적 지식을 머리 속에 주입하는 것이 아니라 태어나서부터 누구나 가지고 있는 수학에 대한 관심, 그리고 수학으로 생각하는 힘을 일깨워주는 것입니다.

수학을 잘할 수 있는 힘,

수학적 잠재력은 이미 여러분 아이들의 머릿 속에 줄곧 있어왔습니다. 단지 어떤 아이는 그것을 찾아내어 드러낼 수 있었고, 어떤 아이는 꼭꼭 숨긴 채 평생 드러나지 않을 뿐입니다. 이러한 수학적 잠재력에 대한 참신한 자극 − 생각을 두드리는 '노크'를 제안하려 합니다. '노크'는 수학적 지식과 스킬만을 무리하게 밀어넣지 않습니다. 왜 수학을 해야 하고, 어떻게 수학으로 가능한지 끊임없이 스스로 생각하게하는 계기로서의 활동이 되려 합니다. 일상으로부터 괴리된 학문으로서의 수학이 아닌, 삶을 살아가며 반드시 키워야 할 논리적, 합리적 사고력을 기를 수 있는 누구에게나 가장 중요한 경쟁력으로서의 수학을 주장합니다. '노크'야말로 새로운 수학 학습의 길을 보여주는 방향타가 될 것입니다.

한 현 조

똑!똑! 사고력 수학
노크의 구성

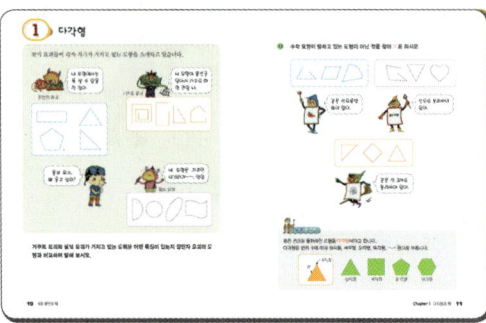

시작 : 생각열기

사고력 수학 주제에 맞는 수학적 상황, 수학사, 생활 속 수학 이야기 등의 자유로운 형식으로 흥미를 유발하고, 수학적 사고를 자극하는 주제별 프롤로그

노크 포인트

문제 해결의 핵심적 원리를 '콕!' 집어서 간결하게 요약한 사고력 수학 주제별 포인트

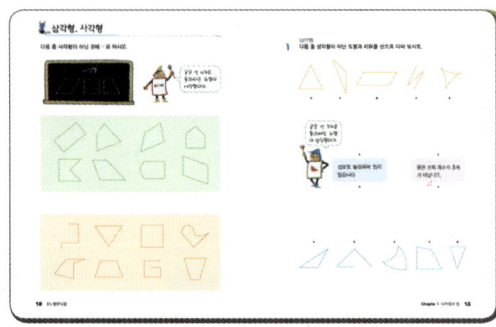

전개 : 유형 탐구

사고력 수학의 대표 유형을 노크만의 새로운 방법으로 차근차근 한 단계씩 익히고 해결하는 단계적 유형 탐구와 이를 통해 익힌 방법적 원리를 적용, 확장하는 확인 문항

수학 요정들의 친절한 충고와 꼬마 요괴들의 밉살스럽지만 유용한 조언으로 어려운 발전 문항의 해결을 돕는 문제 해결 도우미 박스

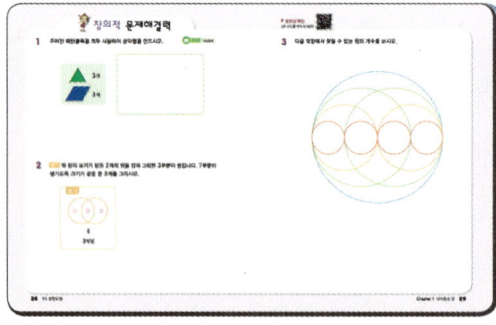

발전 : 창의적 문제해결력

3개의 사고력 수학 주제를 갈무리하는, 한 차원 높은 창의력과 복합적인 사고력을 요구하는 발전 문항의 끝판왕

마무리 : 정답 및 해설

본문에 그대로 첨삭된 정답과 간략한 풀이 과정을 통한 사고력 수학 활동 피드백으로 마무리

노크
캐릭터 소개

일단 저지르고
보는 거야!

난 궁금한 건
절대 못 참아.

침착하게 위기를
벗어나야 해.

생각으로 아주
멀리까지 날아가.

태경
활동파 리더

지오
호기심 공주

초이
조용한 전략가

아인
꼬마 천재

마법사 멀린과 수학 요정

마법사 멀린

노크랜드의 지식의 수호자. 지식을 파괴하려는 대마왕의 음모에 맞서 모험을 떠난 친구들의 든든한 조력자.

아르키메데스

페르마

플라톤

파스칼

피타고라스

가우스

유클리드

오일러

대마왕과 꼬마 요괴

대마왕

노크랜드의 지식의 파괴자. 세계를 차지하기 위해 모든 지식을 없애버리려고 하는 요괴들의 두목.

딴소리

한입

장난

딴짓

멍하니

잠만자

울보

거꾸로

이 책의
차 례

Chapter 3
도형의 개수

Chapter 4
평면 타일

Chapter 1

다각형과 원

 **다각형**

꼬마 요괴들이 각자 자기가 가지고 있는 도형을 소개하고 있습니다.

내 도형에서는 푹 잘 수 있을 것 같아.

잠만자 요괴

내 도형에 물건을 담아서 거꾸로 하면 큰일 나.

거꾸로 요괴

울보 요괴, 왜 울고 있어?

내 도형은 자꾸만 미끄러져……. 엉엉

울보 요괴

거꾸로 요괴와 울보 요괴가 가지고 있는 도형은 어떤 특징이 있는지 잠만자 요괴의 도형과 비교하여 말해 보시오.

수학 요정이 말하고 있는 도형이 아닌 것을 찾아 ✕표 하시오.

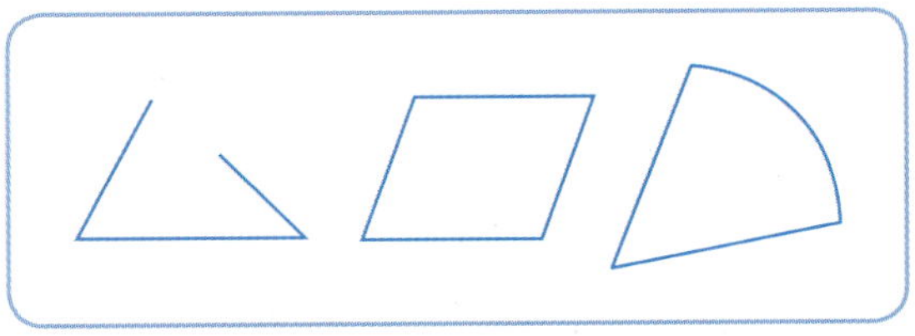

곧은 선으로만 되어 있어.

선으로 둘러싸여 있어.

곧은 선 3개로 둘러싸여 있어.

노크 포인트

곧은 선으로 둘러싸인 도형을 다각형이라고 합니다.
다각형은 변의 수에 따라 삼각형, 사각형, 오각형, 육각형, …… 등으로 부릅니다.

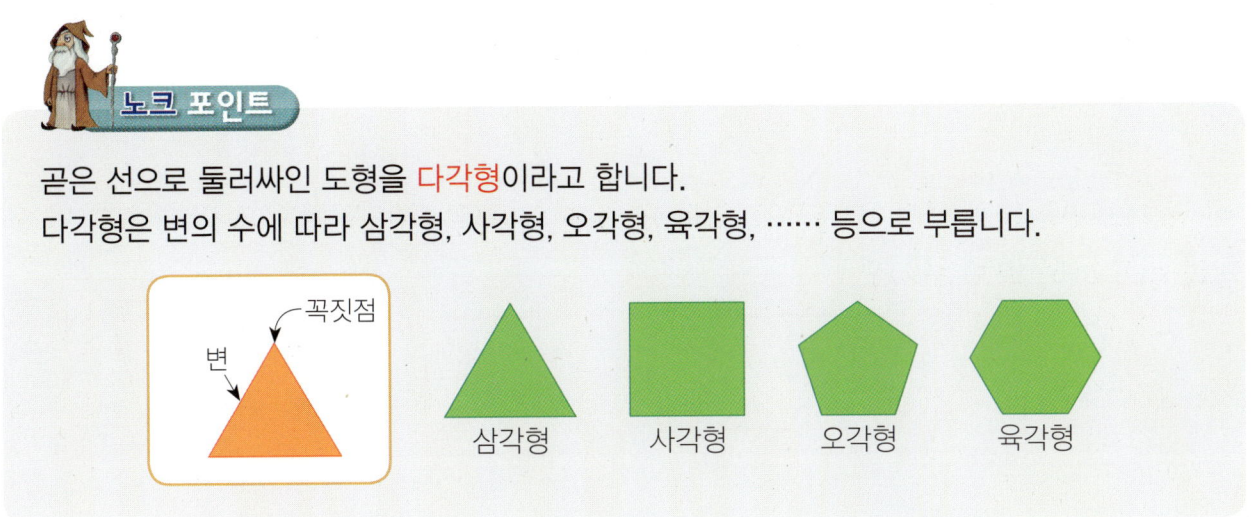

꼭짓점
변

삼각형   사각형   오각형   육각형

 # 삼각형, 사각형

다음 중 사각형이 아닌 것에 ×표 하시오.

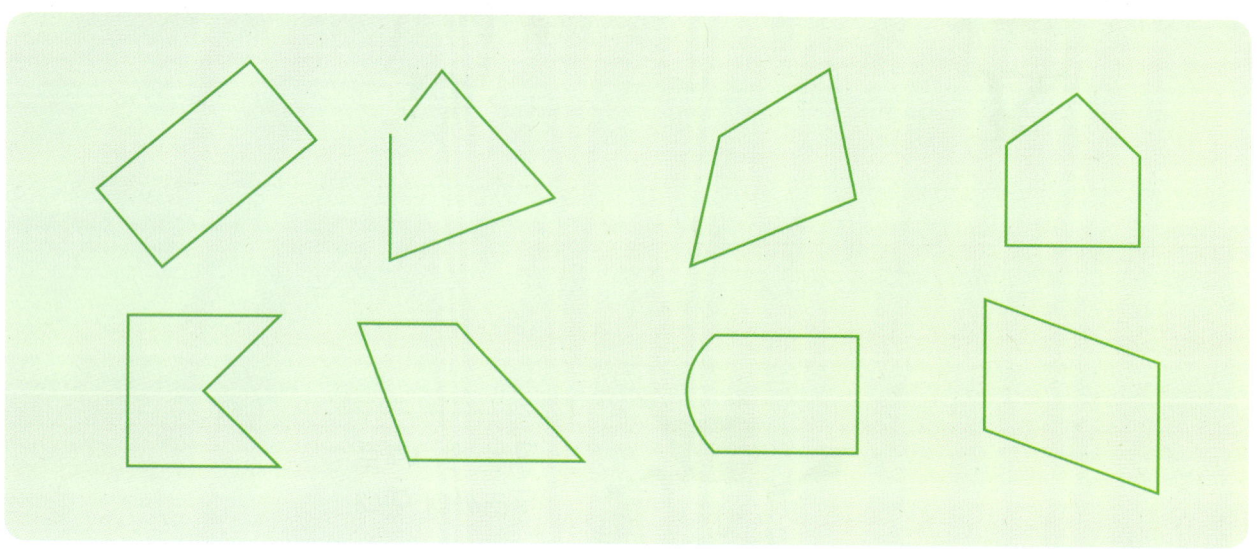

1 다음 중 삼각형이 아닌 도형과 이유를 선으로 이어 보시오.

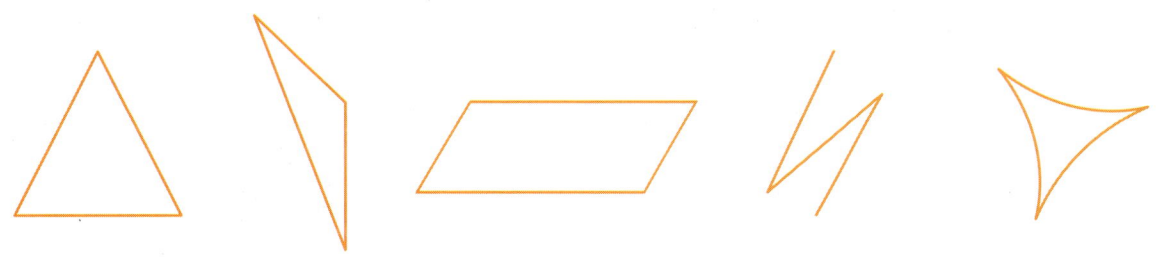

곧은 선 3개로 둘러싸인 도형이 삼각형이지.

선으로 둘러싸여 있지 않습니다.

곧은 선의 개수가 3개가 아닙니다.

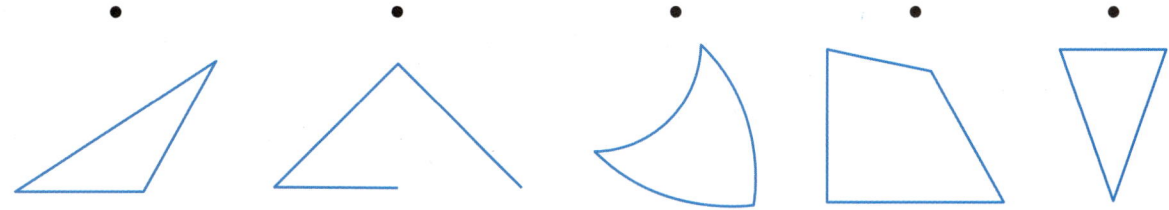

운동장에 그려진 선을 따라 도형 3개를 색칠하여 삼각형을 만들었습니다. 같은 방법으로 사각형, 오각형, 육각형을 만들어 보시오.

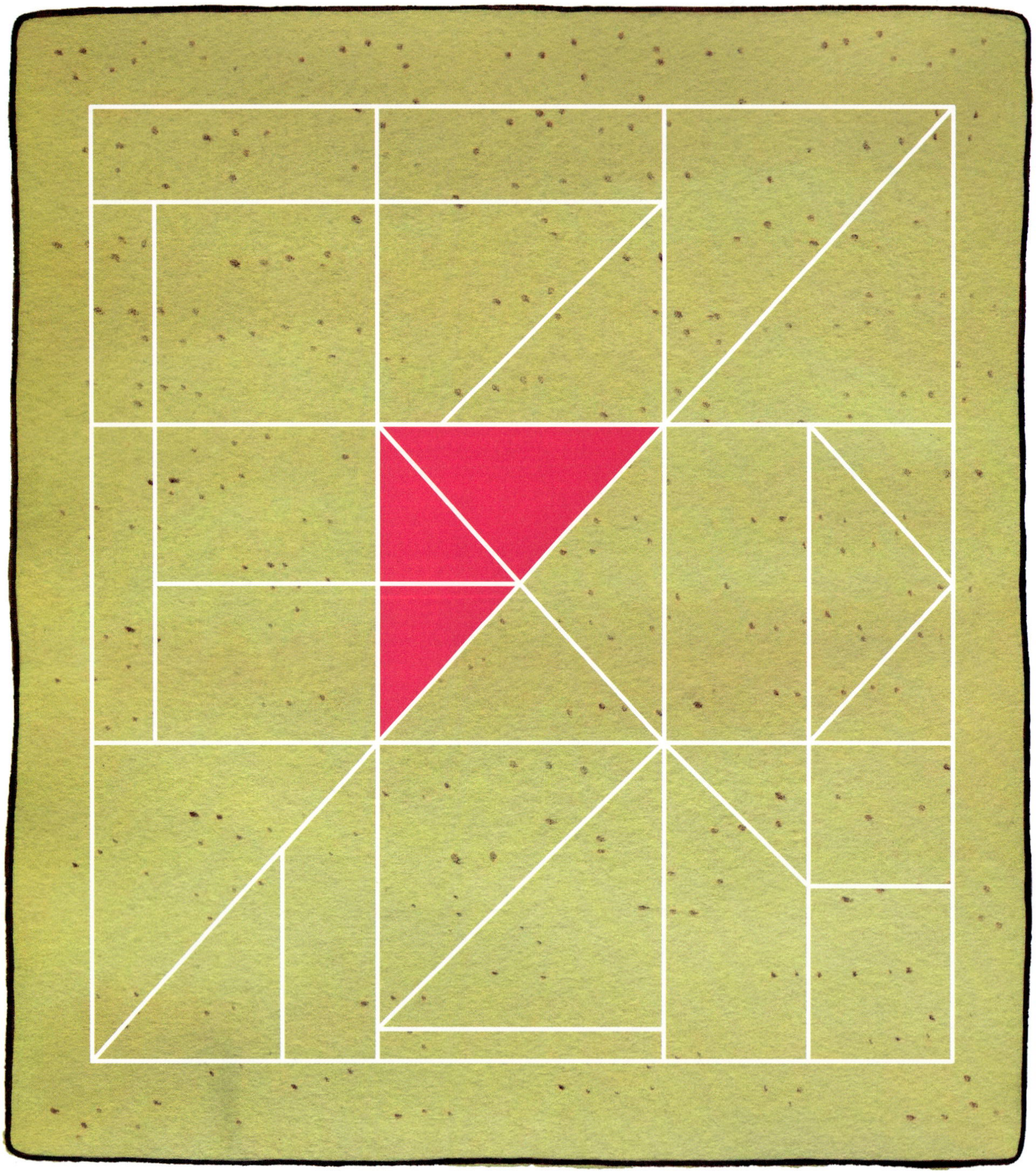

[변이 7개, 8개]

1 모눈 위에 변이 7개인 다각형과 8개인 다각형을 각각 그리고, 그린 도형의 이름을 쓰시오.

변이 3개면 삼각형, 변이 4개면 사각형이야. 변이 7개면? 8개면?

7개

8개

[변신]

2 점 종이 위에 점을 하나씩 늘려서 삼각형을 사각형, 오각형, 육각형으로 만드시오.

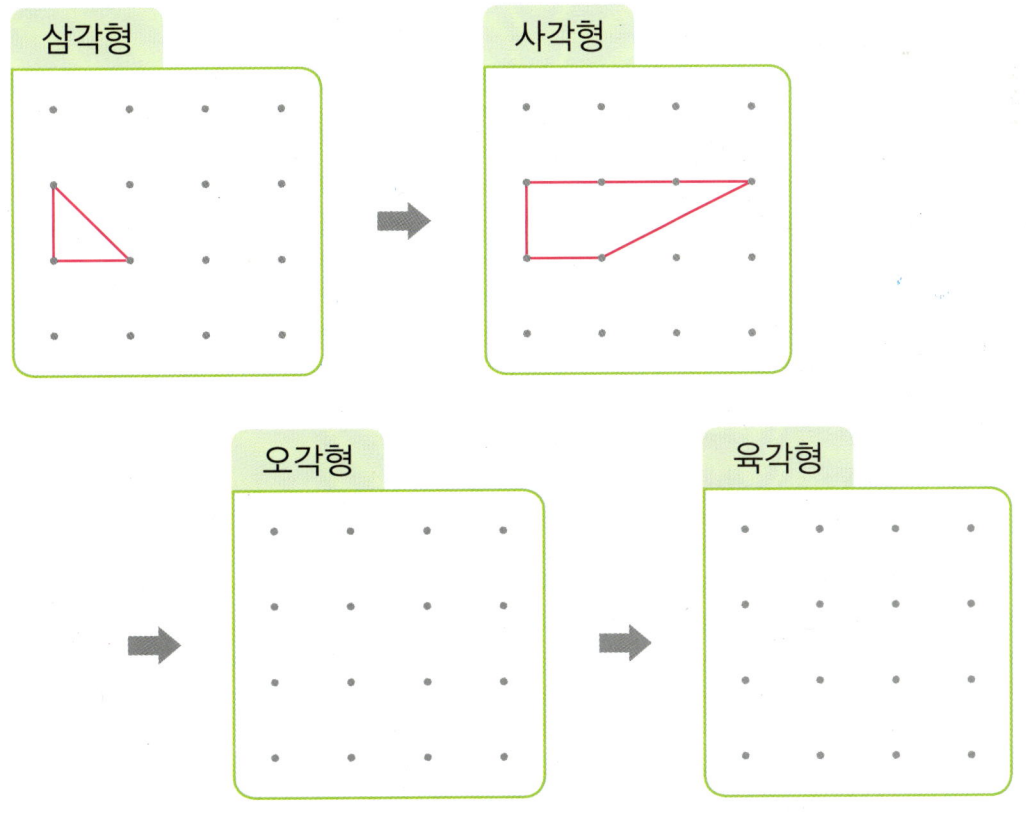

삼각형

사각형

오각형

육각형

2 패턴블록과 다각형

태경이와 지오는 멍하니 요괴에게 도형 수수께끼를 내었습니다.

멍하니 요괴야!
3 더하기 3은 6이야.
그러면 삼각형 더하기 삼
각형은 어떤 도형이지?

태경

음……. 그러니까…….
육각형!!!

멍하니 요괴

멍하니 요괴야 잘 봐.
삼각형 두 개를 붙여 볼게.

지오

삼각형 두 개를
더하니까 사각형
이 되었어!

다음 삼각형과 사각형을 길이가 같은 변끼리 이어 붙이면 어떤 도형이 되는지 만들어
보고 만든 도형의 이름을 쓰시오.

준비물 패턴블록

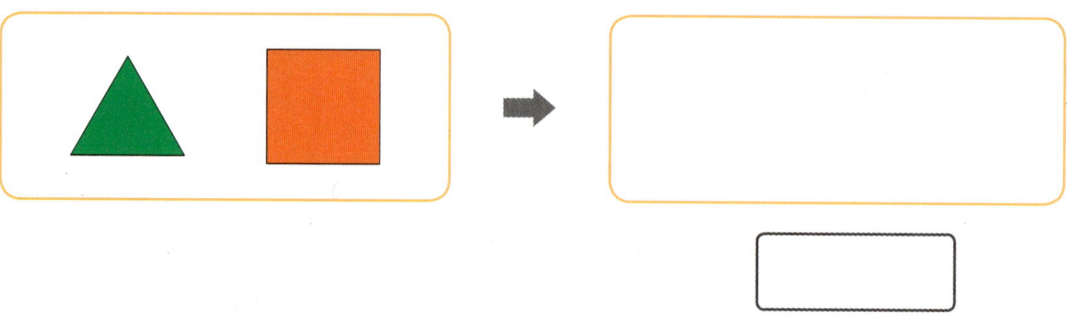

3 다음과 같은 6개의 블록을 패턴블록이라고 합니다. 물음에 답하시오.

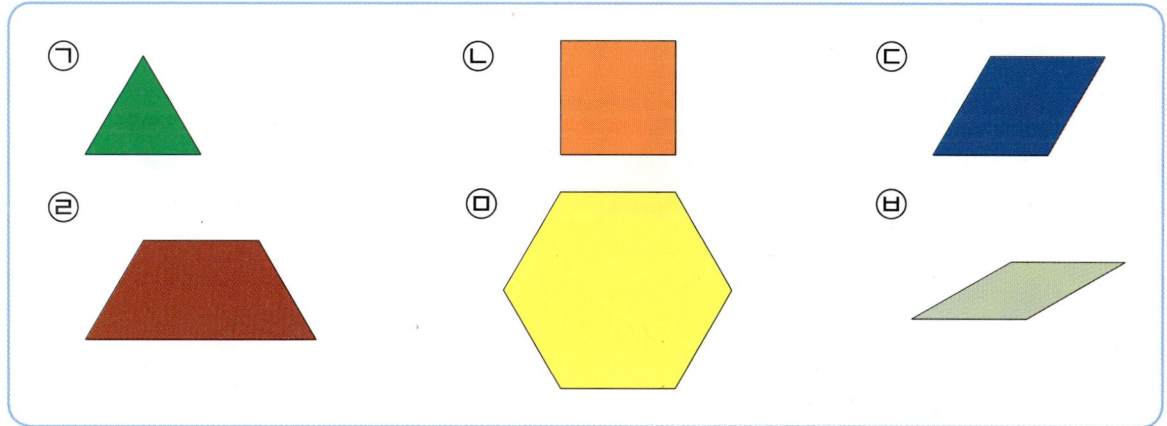

- 패턴블록 중 사각형 조각을 모두 고르시오.

- 패턴블록 중 변의 수가 가장 적은 조각을 고르시오.

- ㉠조각을 여러 개 이어 붙여 만들 수 없는 조각을 모두 고르시오.

노크 포인트

패턴블록 6조각은 삼각형 1개, 사각형 4개, 육각형 1개로 이루어져 있습니다.
패턴블록 조각을 이어 붙여 새로운 다각형을 만들 수 있습니다.

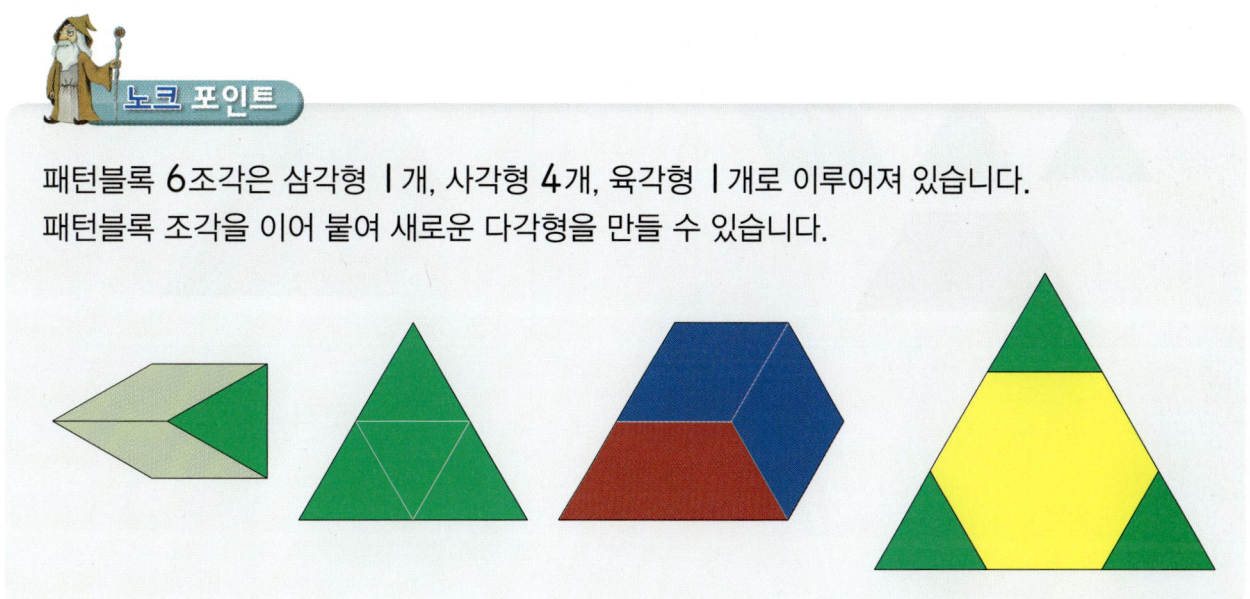

다각형 만들기

다음 패턴블록을 사용하여 주어진 다각형을 만들어 보시오.

 준비물 패턴블록

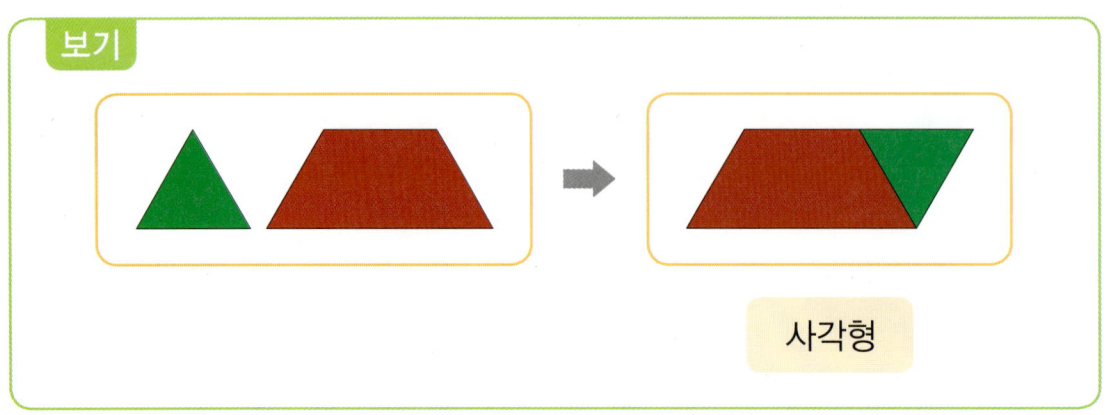

사각형

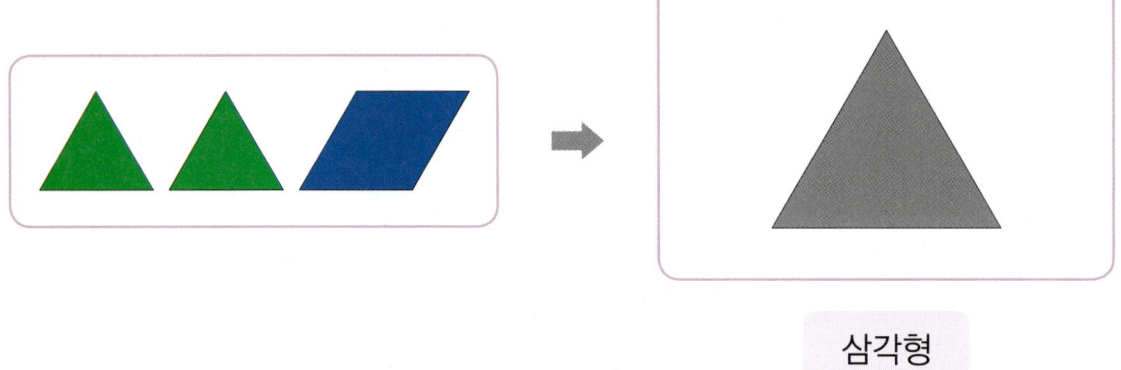

삼각형

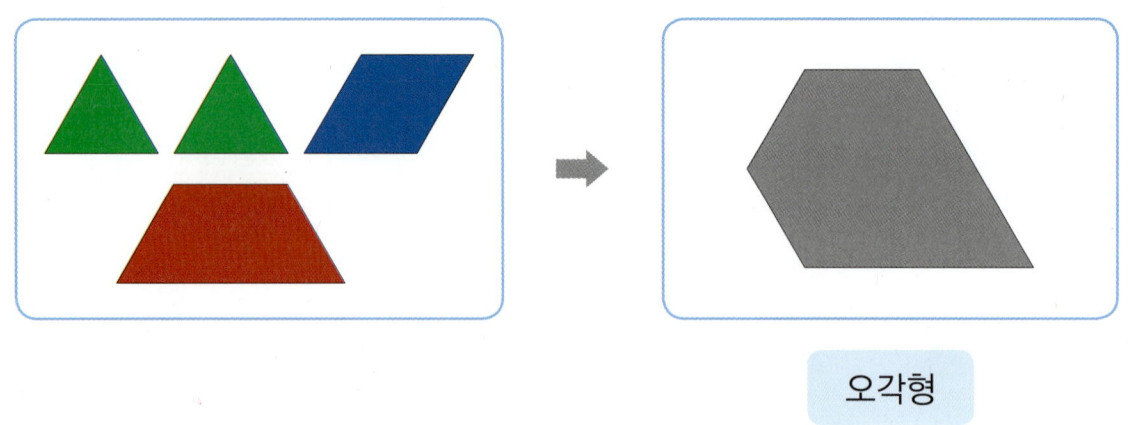

오각형

1 패턴블록을 이어 붙여 주어진 다각형을 만들어 보시오.

육각형

오각형

육각형

주어진 패턴블록을 돌려 가며 이어 붙여서 모양을 만들어 보렴.

가장 적게, 가장 많게

아인이는 삼각형 패턴블록 조각을 여러 개 이어 붙여 다양한 모양을 만들고 있습니다. 아인이가 만들 수 있는 모양을 찾아 어떻게 이어 붙였는지 선을 그어 나타내시오.

정말 다양한 모양을 만들 수 있네.

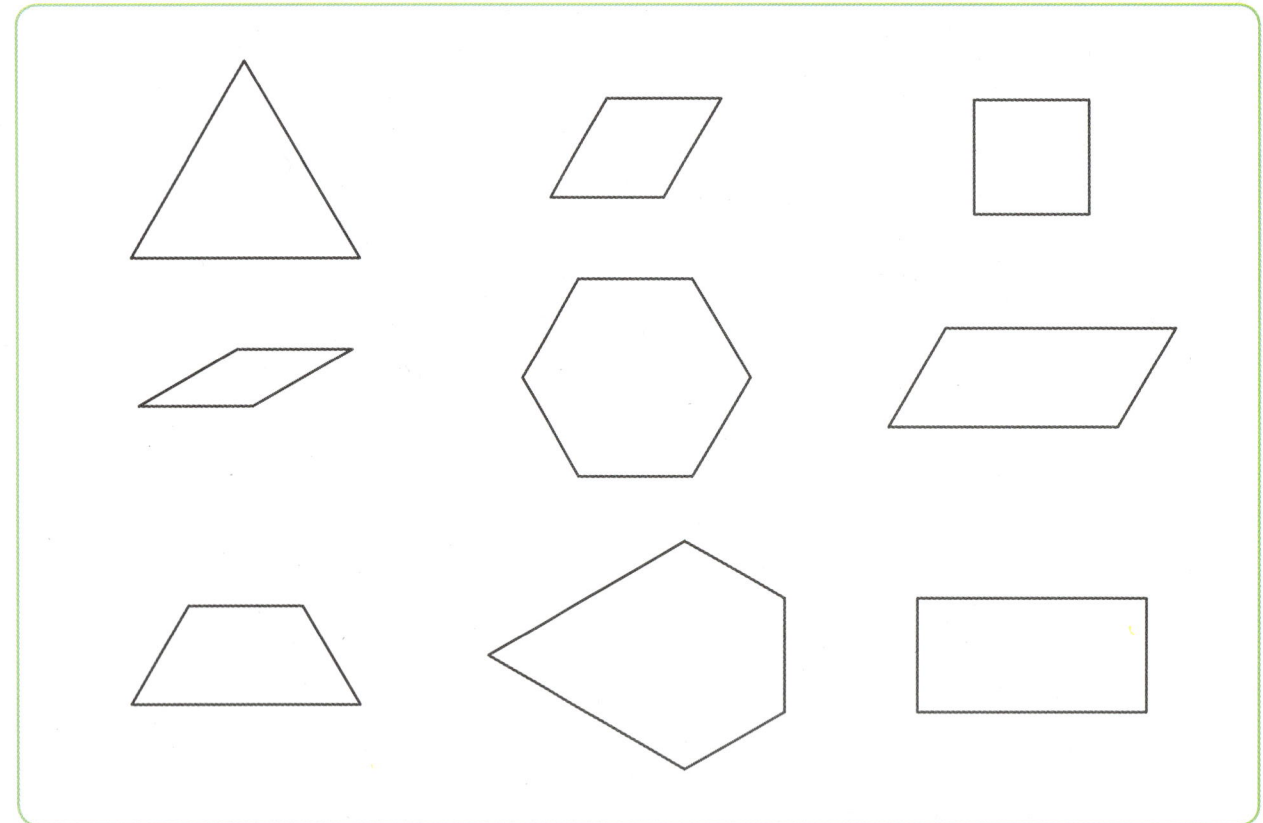

1 태경이는 패턴블록 조각 5개를 사용해서 삼각형을 만들었습니다. 태경이와 같이 정해진 수의 패턴블록 조각을 사용하여 삼각형을 만들어 보시오.

준비물 패턴블록

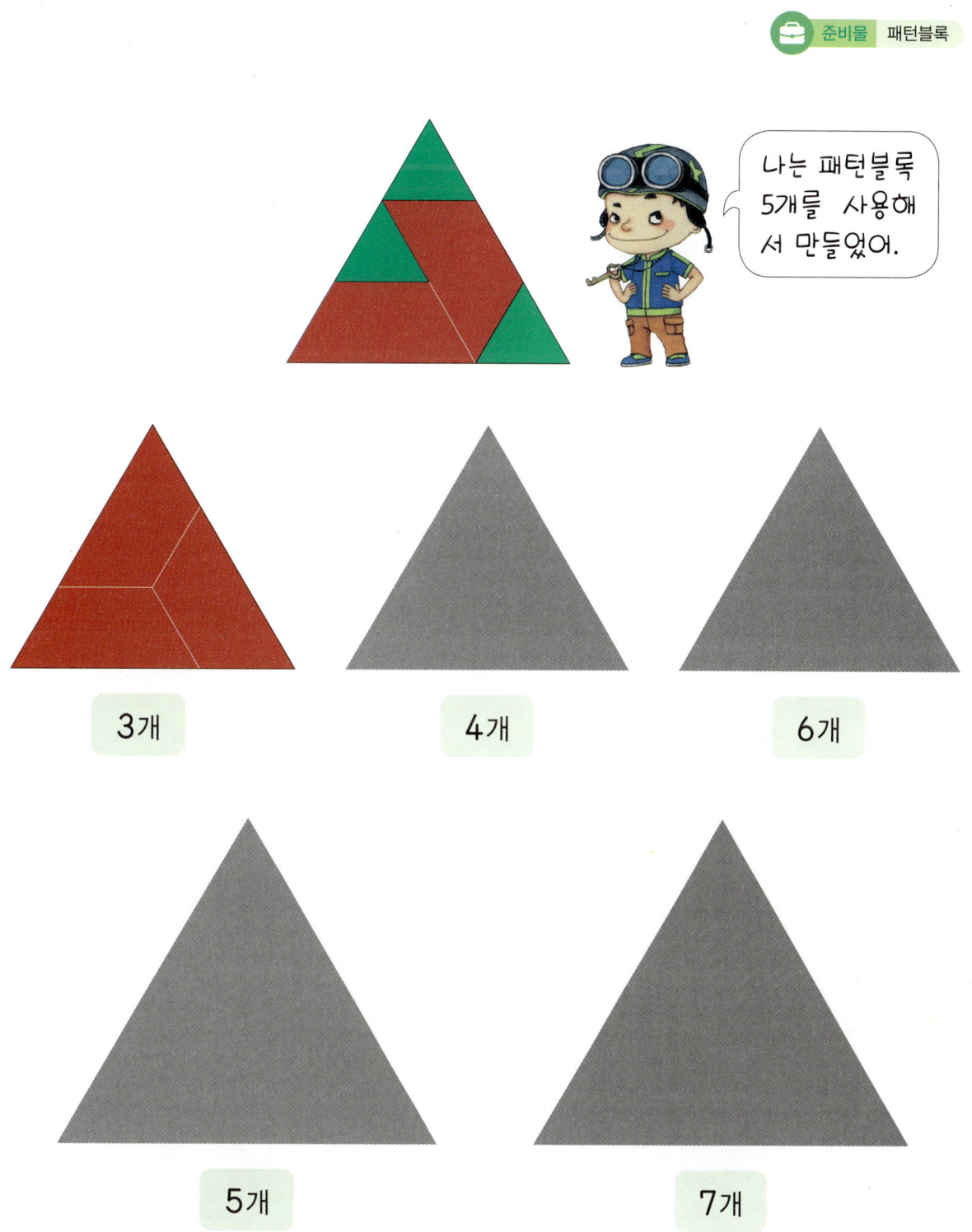

3개

4개

6개

5개

7개

3 원

지오는 점 o에서 같은 거리에 있는 점을 둥글게 이어 원을 그렸습니다. 여러분도 지오와 같은 방법으로 점을 이어 원을 그려 보시오.

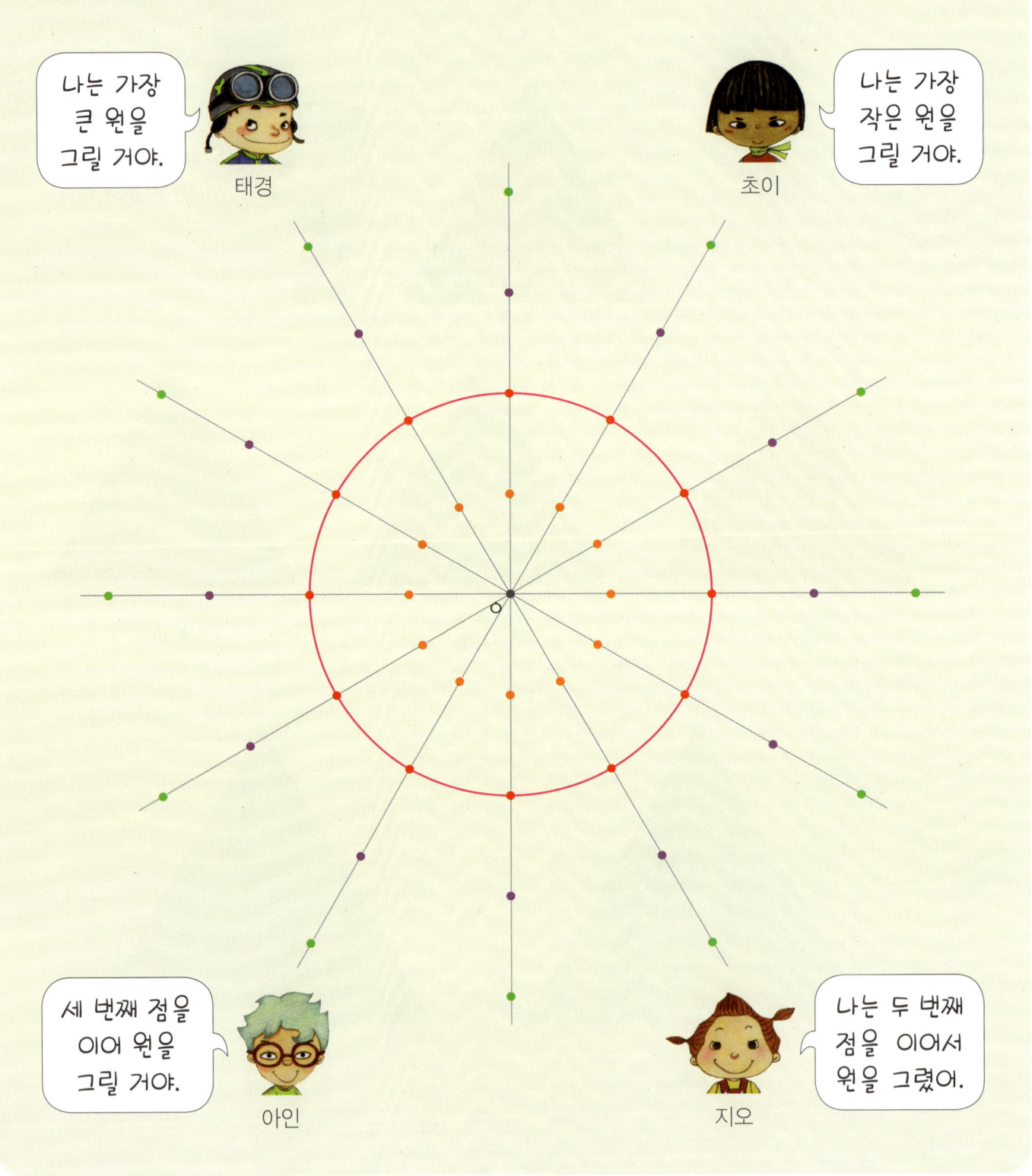

나는 가장 큰 원을 그릴 거야.

태경

나는 가장 작은 원을 그릴 거야.

초이

세 번째 점을 이어 원을 그릴 거야.

아인

나는 두 번째 점을 이어서 원을 그렸어.

지오

❸ 원을 찾아 모두 색칠하시오.

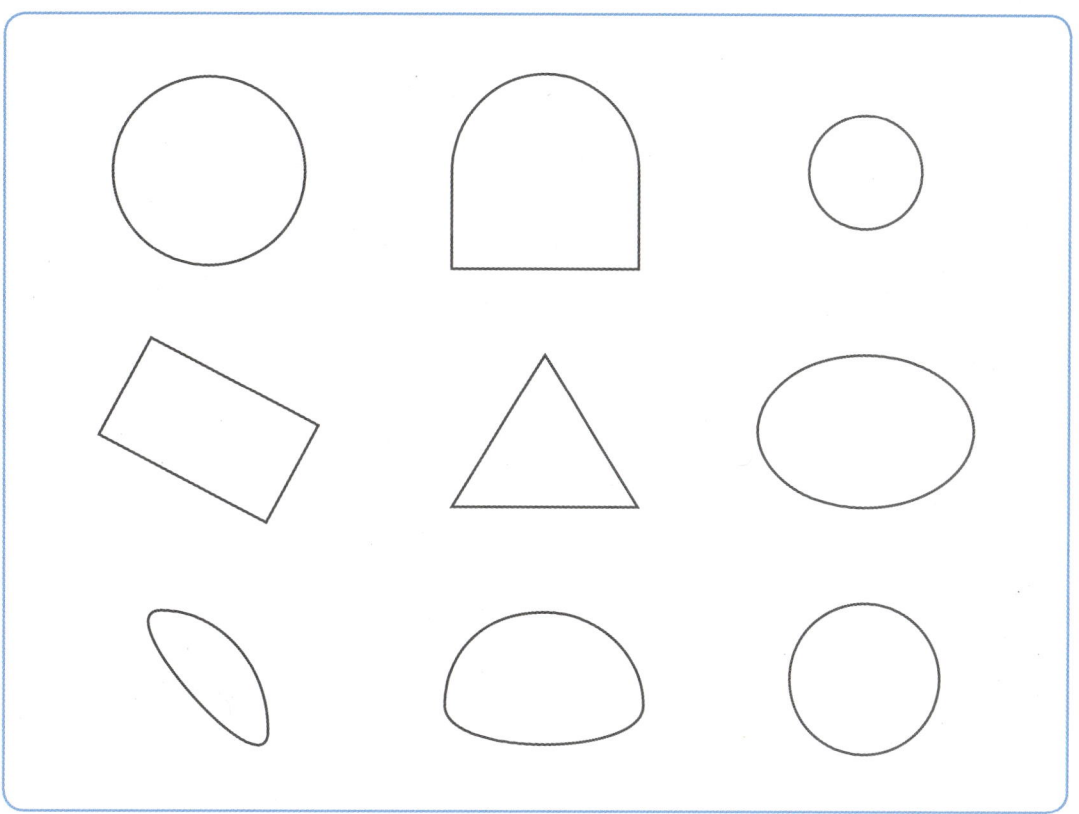

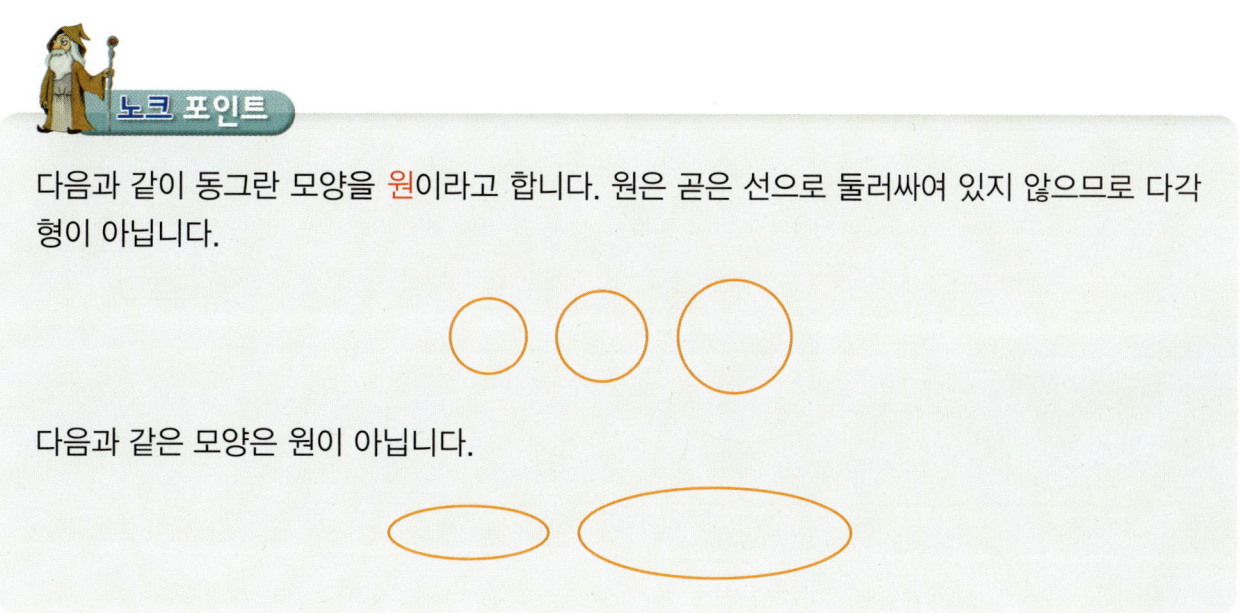

다음과 같이 동그란 모양을 원이라고 합니다. 원은 곧은 선으로 둘러싸여 있지 않으므로 다각형이 아닙니다.

다음과 같은 모양은 원이 아닙니다.

울보 요괴가 그린 원의 일부를 장난 요괴가 지워버렸습니다. 지워진 원의 일부분을 그려 원을 완성하고, 울보 요괴가 그린 원은 모두 몇 개인지 구하시오.

원을 조금씩 지워 버렸지~~ 히히!!

왜 지우는 거야! 잉잉~

장난 요괴

울보 요괴

☐ 개

☐ 개

1 점선을 따라 그릴 수 있는 원은 모두 몇 개인지 구하시오.

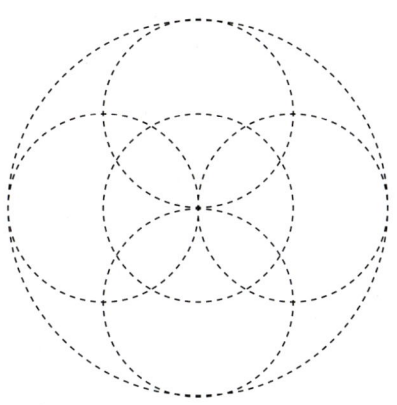

2 다음은 종이에 여러 개의 원을 그린 다음, 종이를 자른 것입니다. 찾을 수 있는 원의 개수를 쓰시오.

잘 생각해 봐!

잘려서 일부만 남은 것은 원이 아니야.

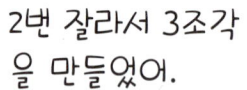 # 원 나누기

아인이는 원 모양의 피자를 다음과 같이 2번을 잘라 3조각으로 만들었습니다. 다음 피자를 3번 잘라 주어진 수만큼 피자 조각을 만들어 보시오.

2번 잘라서 3조각을 만들었어.

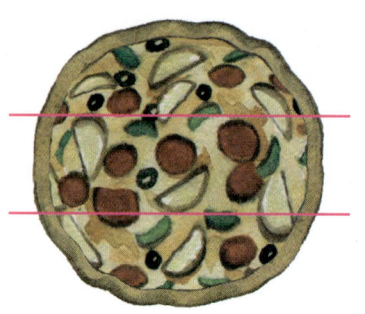

잘 생각해 봐!

자르는 선끼리 만나는 점이 많을수록 조각의 수가 많아진단다.

4조각

5조각

6조각

7조각

1 초이는 색종이 위에 선 4개를 긋고 선을 따라 색종이를 자릅니다. 초이가 원하는 조각의 수에 맞게 선 4개를 그어 보시오.

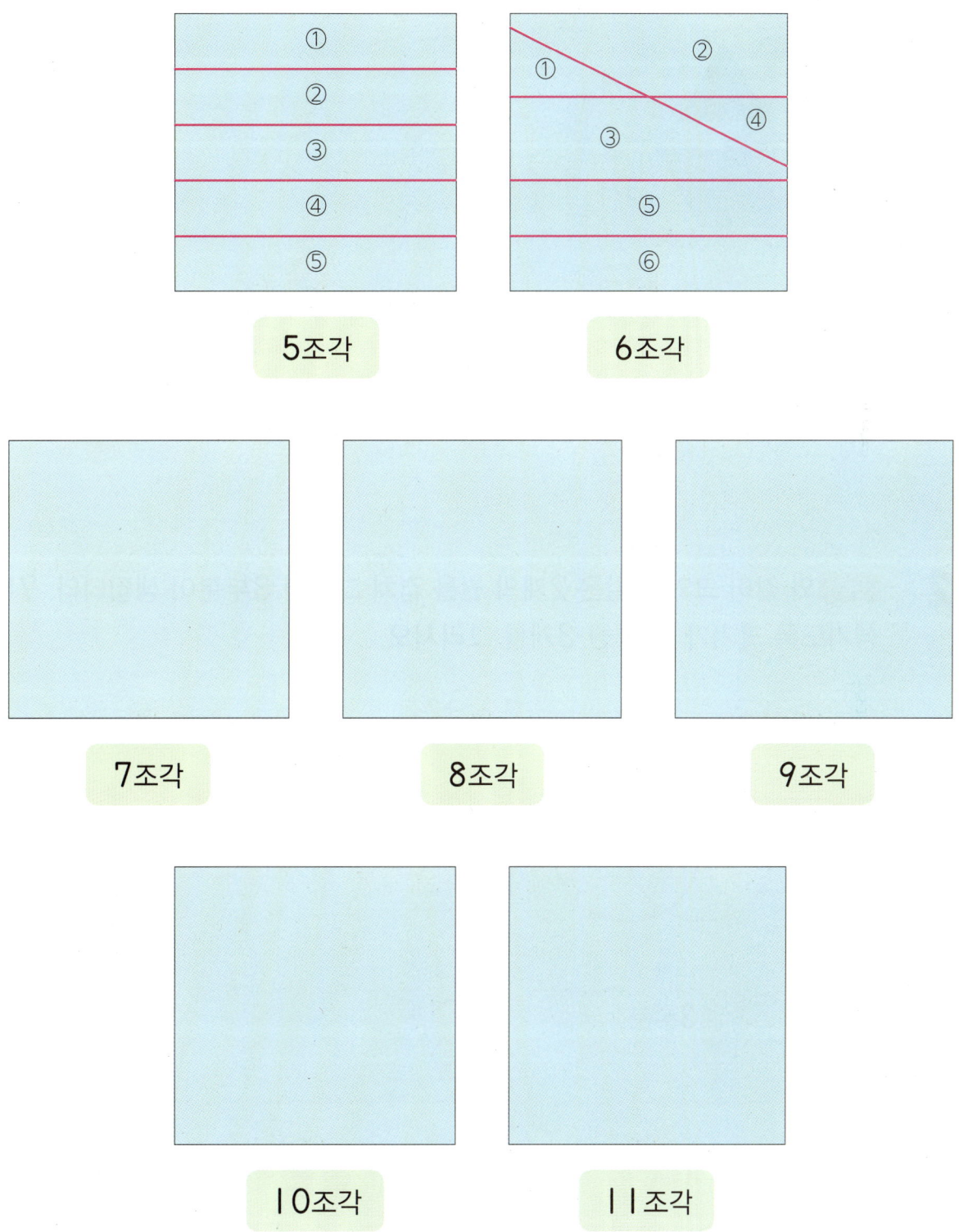

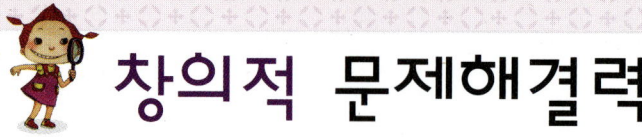

창의적 문제해결력

1 주어진 패턴블록을 모두 사용하여 삼각형을 만드시오.

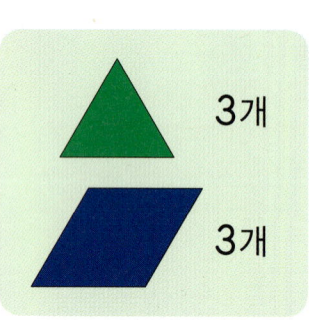

3개

3개

2 보기 와 같이 크기가 같은 2개의 원을 겹쳐 그리면 3부분이 생깁니다. 7부분이 생기도록 크기가 같은 원 3개를 그리시오.

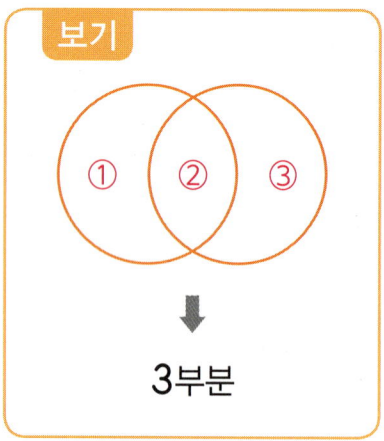

보기

① ② ③

↓

3부분

3 다음 모양에서 찾을 수 있는 원의 개수를 쓰시오.

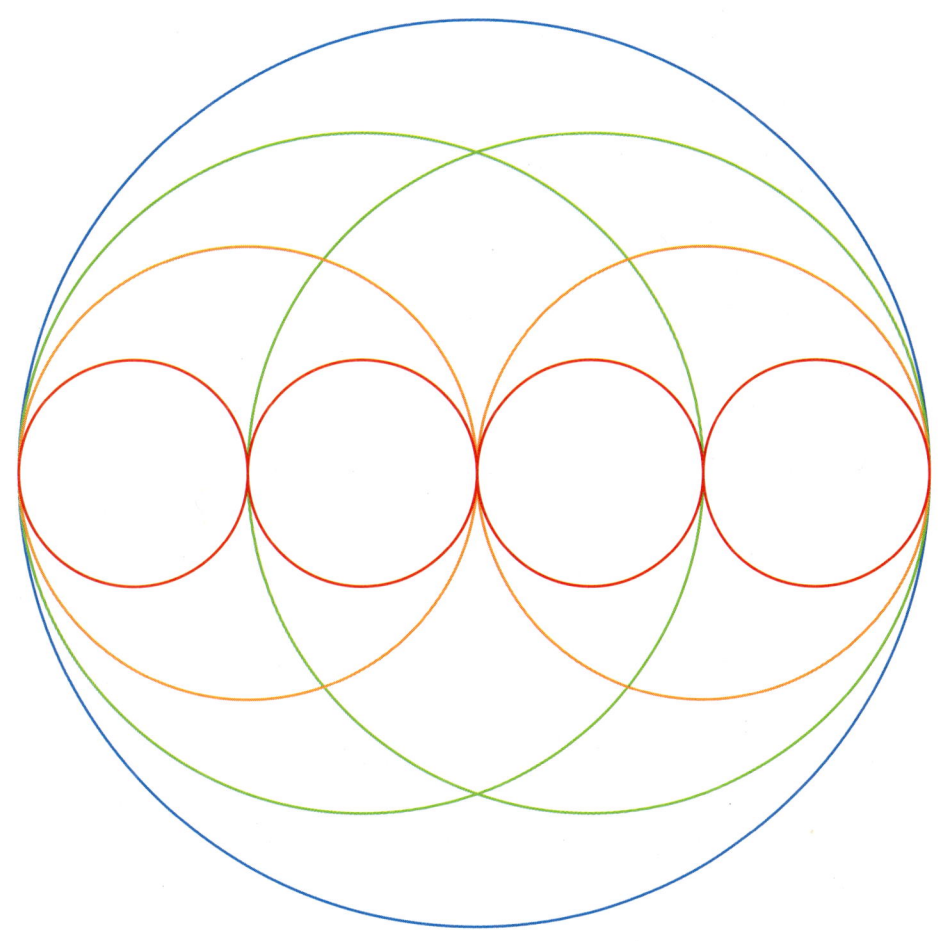

Chapter 2

칠교와 펜토미노

색종이를 사용하여 '지혜의 판'이라 불리는 칠교판을 만들어 봅시다.

색종이와 가위를 가지고 만들어 보자~

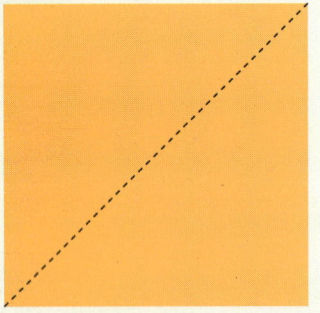

① 색종이를 점선을 따라 나누어 똑같은 삼각형 **2**개를 만듭니다.

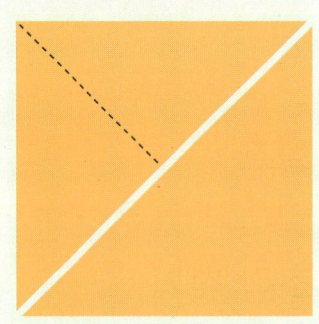

② 위쪽 삼각형을 점선을 따라 나누어 똑같은 삼각형 **2**개를 만듭니다.

③ 아래쪽 삼각형을 점선을 따라 나누어 사각형과 삼각형을 만듭니다.

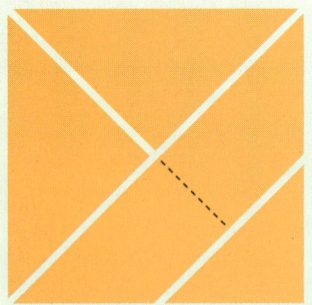

④ 사각형을 점선을 따라 나누어 똑같은 사각형 **2**개를 만듭니다.

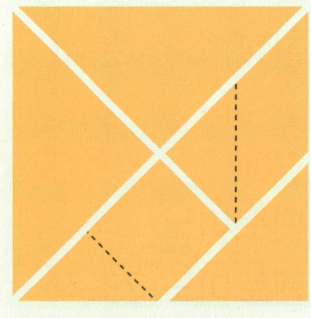

⑤ 두 개의 사각형을 점선을 따라 각각 나누어 삼각형 **2**개와 사각형 **2**개를 만듭니다.

칠교판 완성!!

🕐 **칠교판을 보고 물음에 답하시오.**

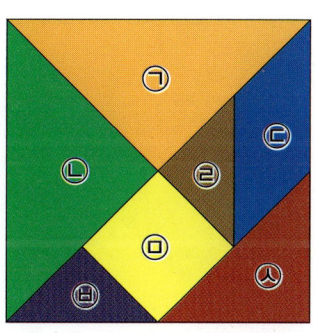

● 칠교 **7**조각 중 사각형과 삼각형은 각각 몇 개씩 있습니까?

삼각형: ▢ 개   사각형: ▢ 개

● 모양과 크기가 같은 조각을 짝지어 기호를 쓰시오.

(▢ , ▢)   (▢ , ▢)

● ㉣조각을 **2**개 이어 붙여서 만들 수 있는 조각을 모두 찾아 기호를 쓰시오.

▢ , ▢ , ▢

칠교

길이가 같은 변

칠교에서 길이가 같은 변은 같은 색으로 나타내시오.

모눈의 칸 수를 잘 세어 보면 알 수 있지.

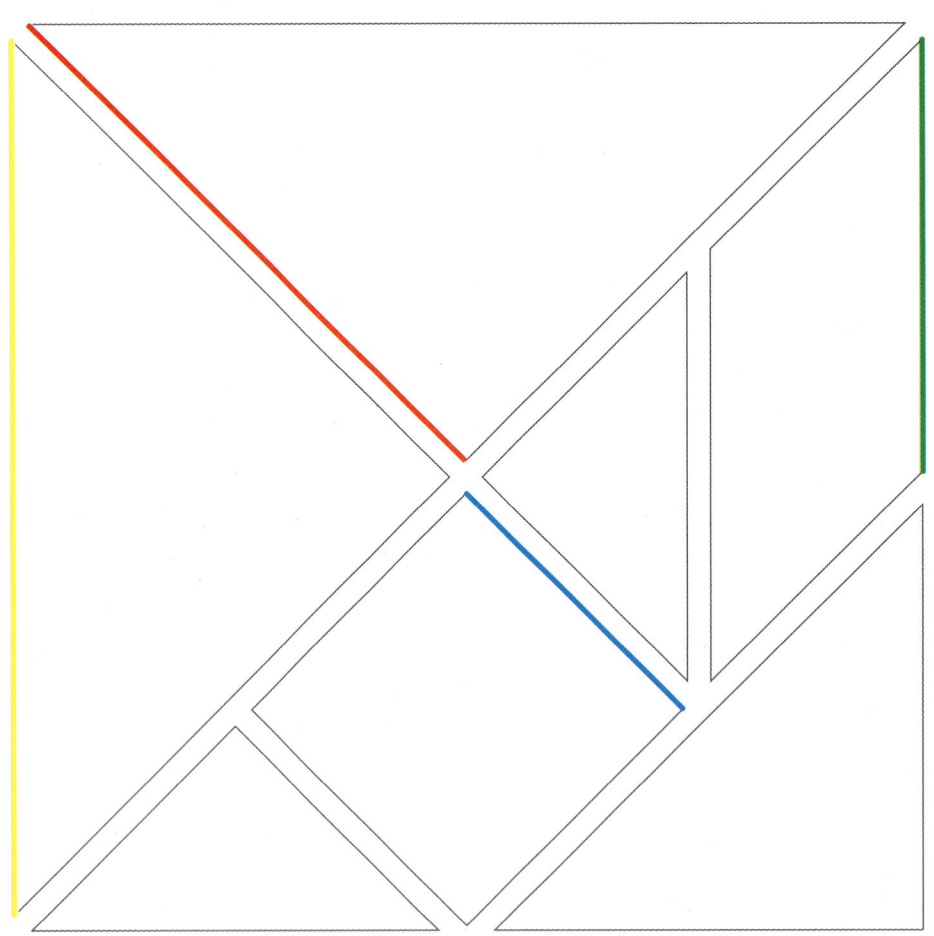

1 칠교 조각을 길이가 같은 변끼리 이어 붙여 다른 칠교 조각을 만들 수 있습니다.
보기와 같이 빈 곳에 알맞은 칠교 조각을 그리고 기호를 쓰시오. 준비물 칠교

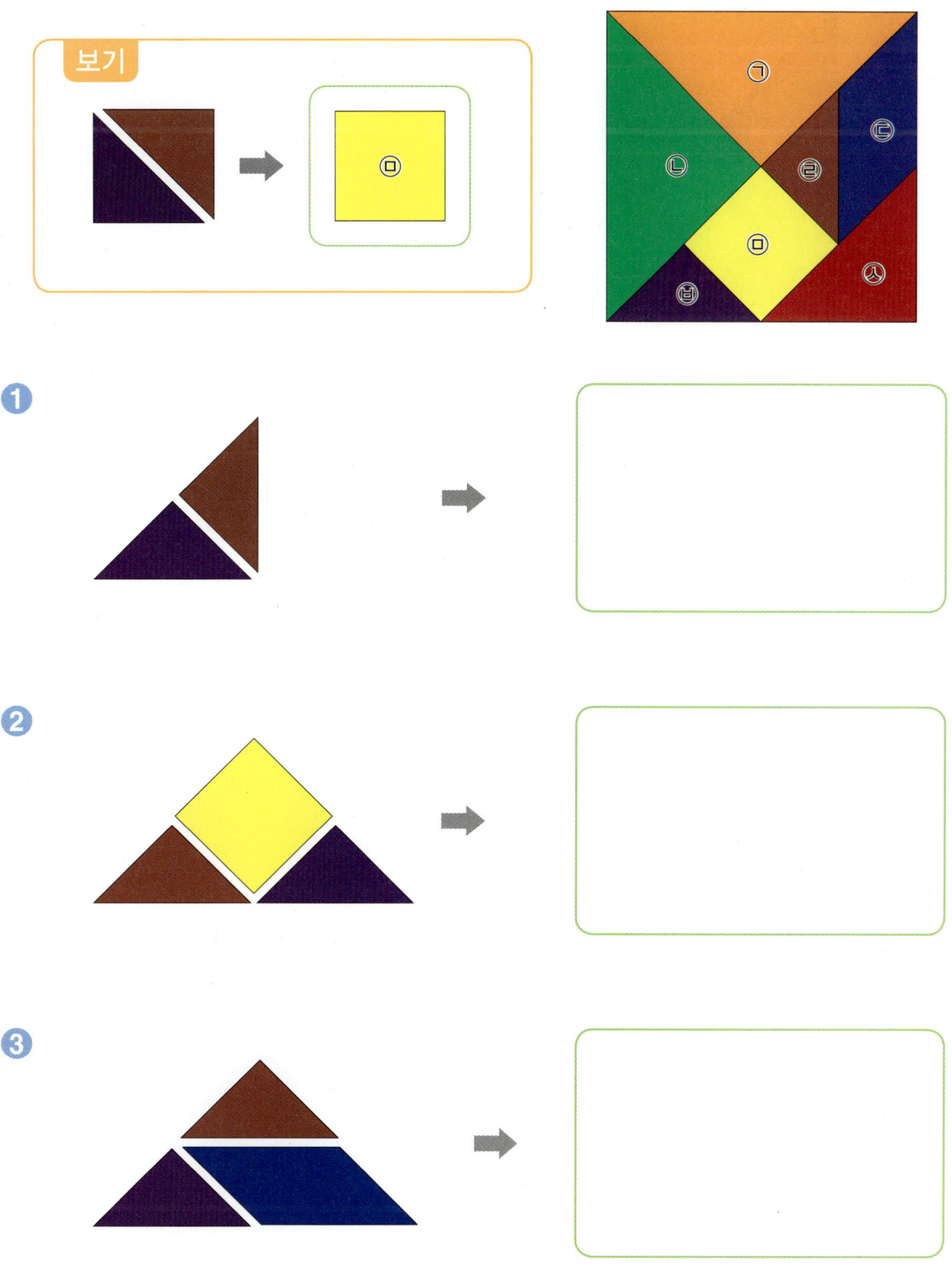

보기

① ② ③

 # 조각 찾기

칠교 조각을 사용하여 만든 모양입니다. 주어진 도형의 종류와 개수에 맞게 만든 방법을 선을 그어 나타내시오.

칠교

삼각형 2개

삼각형 2개, 사각형 2개

삼각형 1개, 사각형 1개

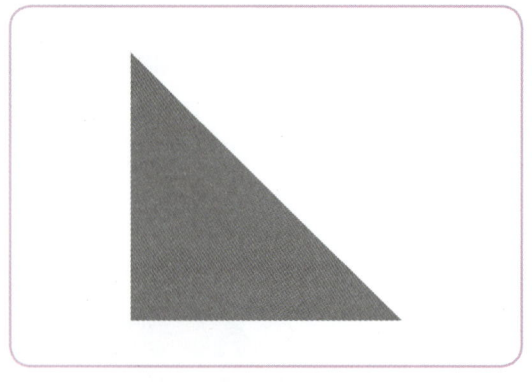

삼각형 2개, 사각형 1개

1 주어진 개수의 칠교 조각을 사용하여 다음 모양을 만들었습니다. 모양을 만드는 데 사용하지 않은 조각을 찾아 ✕표 하시오.

① 4조각

② 5조각

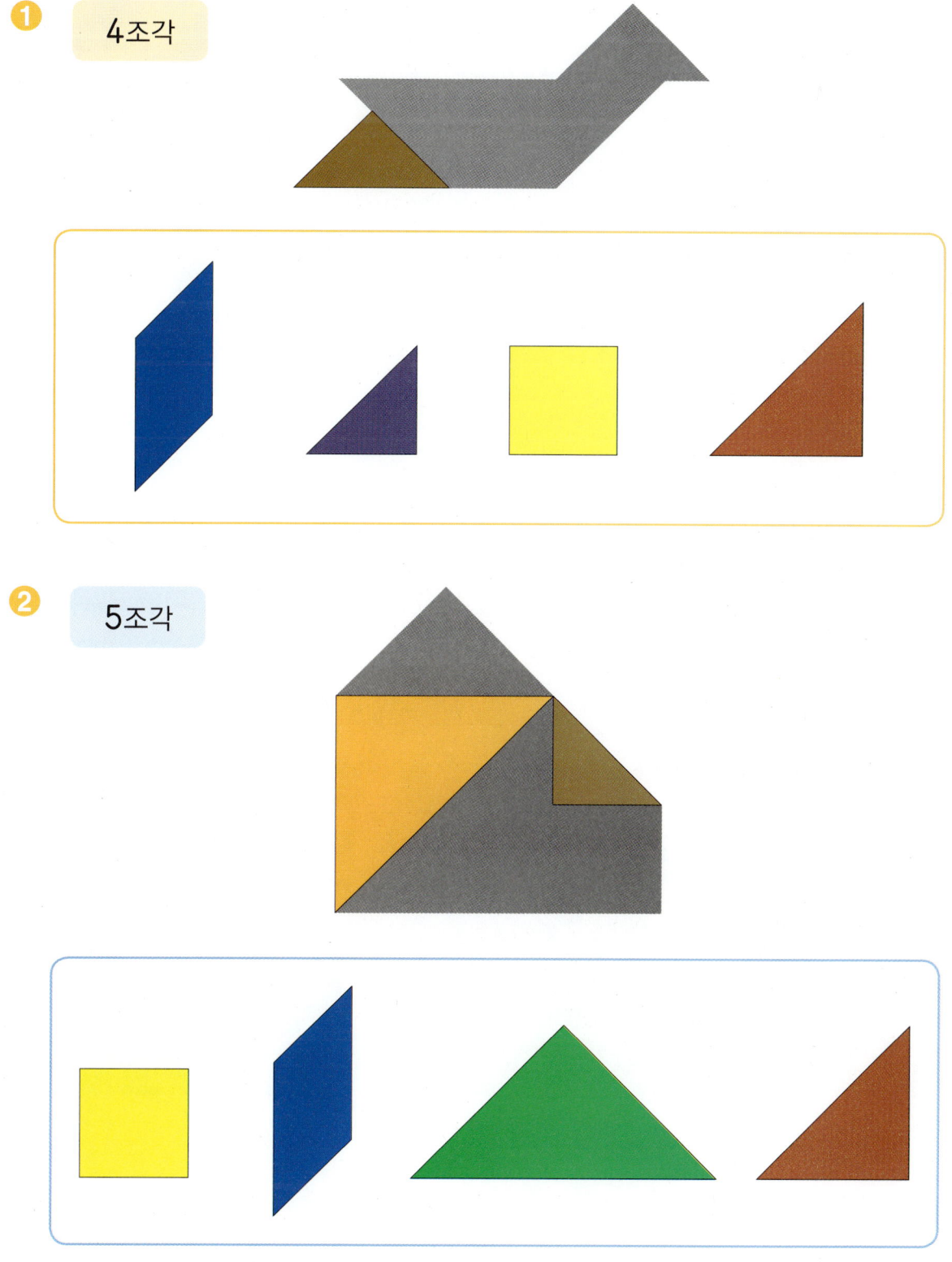

5 칠교 놀이

마법의 칠교 조각을 사용하여 만든 동물은 살아 움직일 수 있습니다. 7개의 칠교 조각을 모두 사용하여 다음 모양을 완성하시오.

준비물 칠교

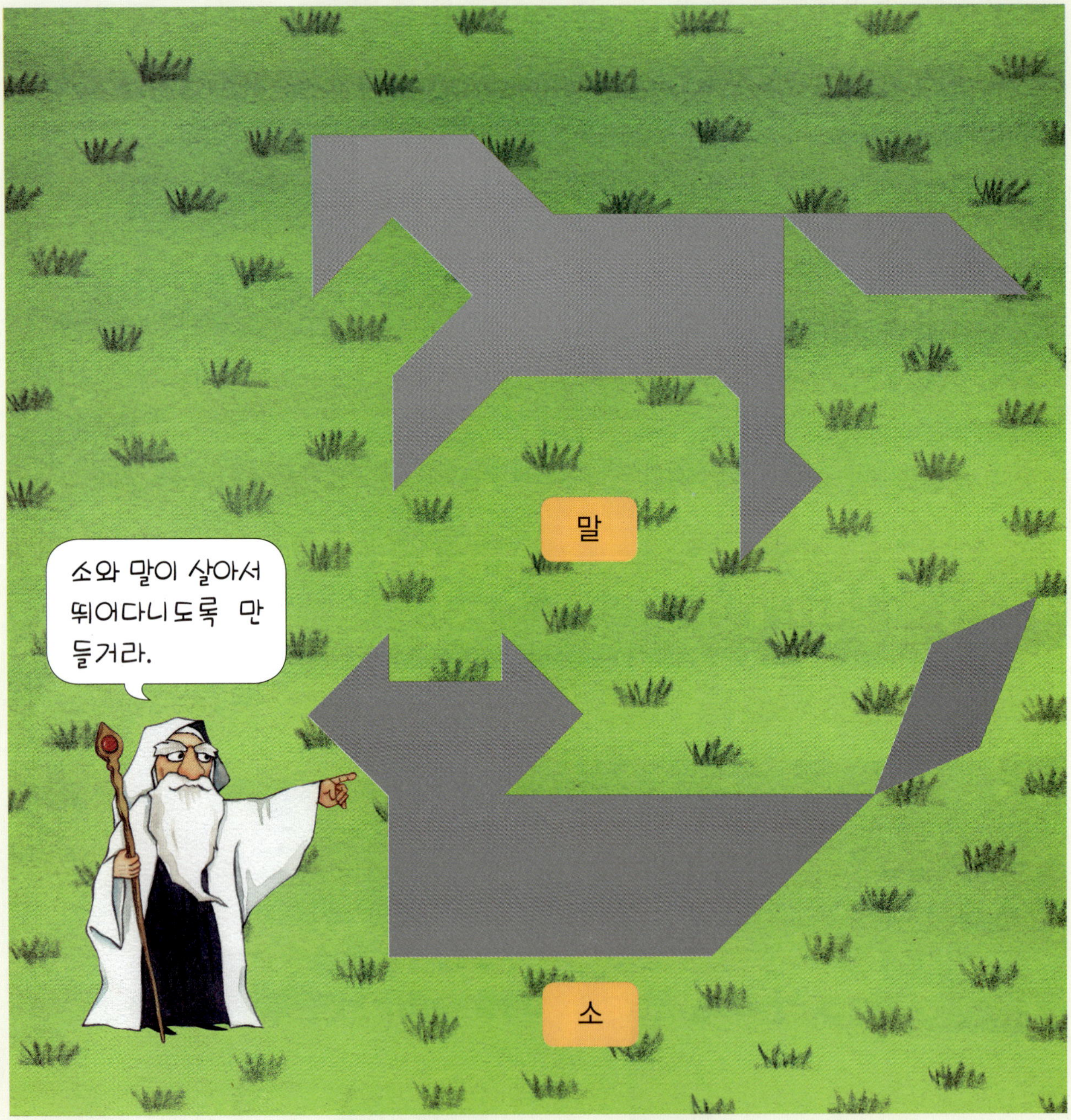

소와 말이 살아서 뛰어다니도록 만들거라.
말
소

다음 칠교판의 빨간색 조각을 모두 사용하여 주어진 모양을 완성하시오.

준비물 칠교

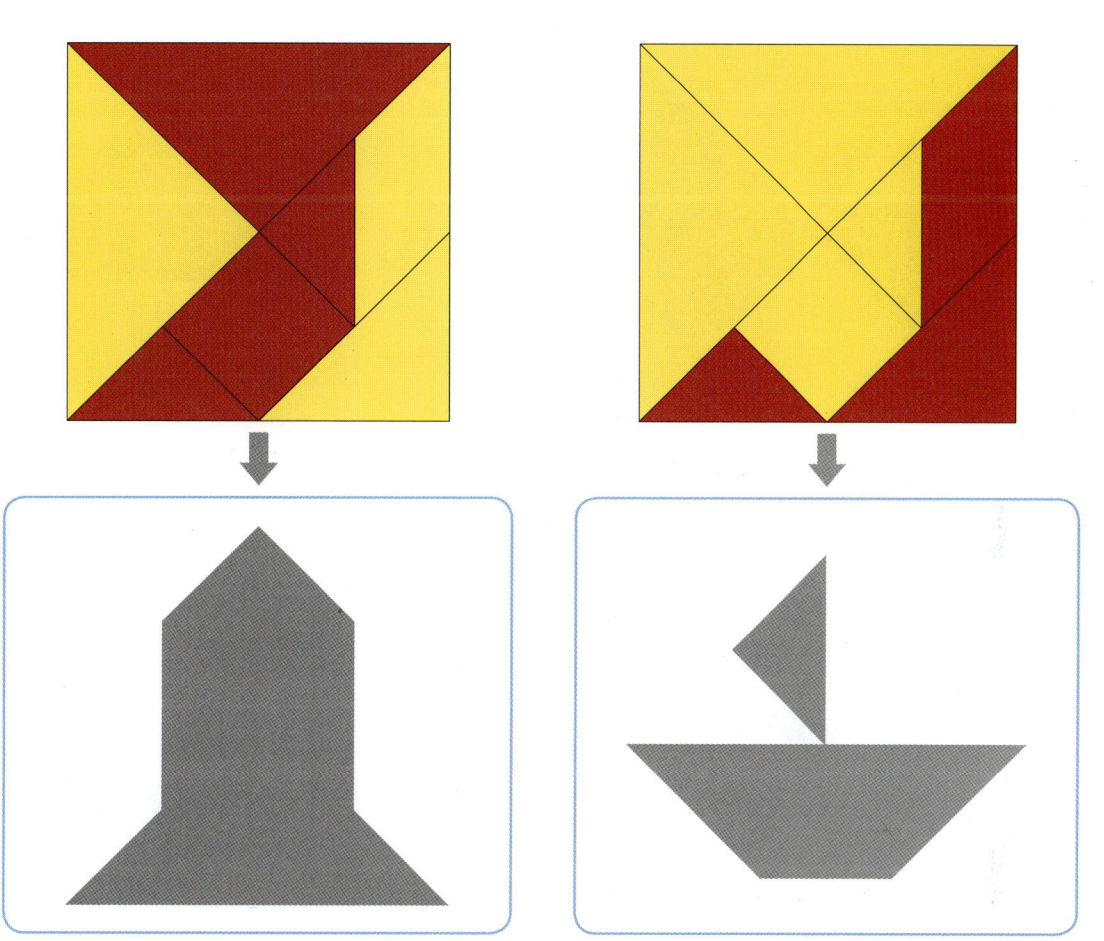

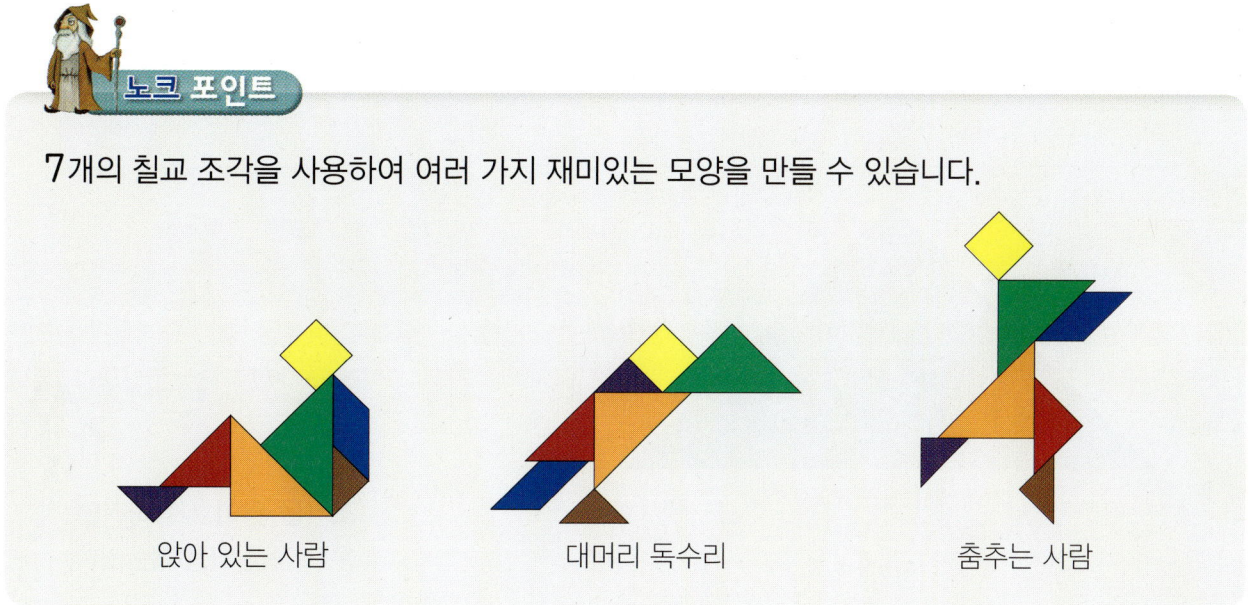

노크 포인트

7개의 칠교 조각을 사용하여 여러 가지 재미있는 모양을 만들 수 있습니다.

앉아 있는 사람   대머리 독수리   춤추는 사람

칠교 도형

보기 와 같이 주어진 개수의 칠교 조각을 사용하여 삼각형을 만들어 보시오.

준비물 칠교

보기

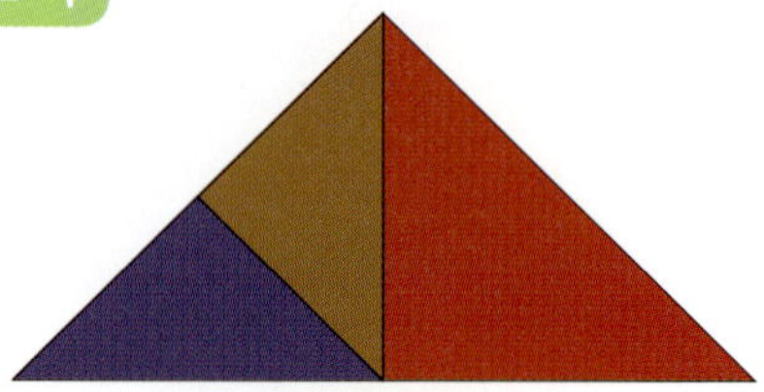

3개

2개

4개

5개

잘 생각해 봐!

조각을 많이 사용하려면 작은 조각을 사용하는 거야.

1 주어진 개수의 칠교 조각을 사용하여 여러 가지 사각형을 만들어 보시오.

준비물 칠교

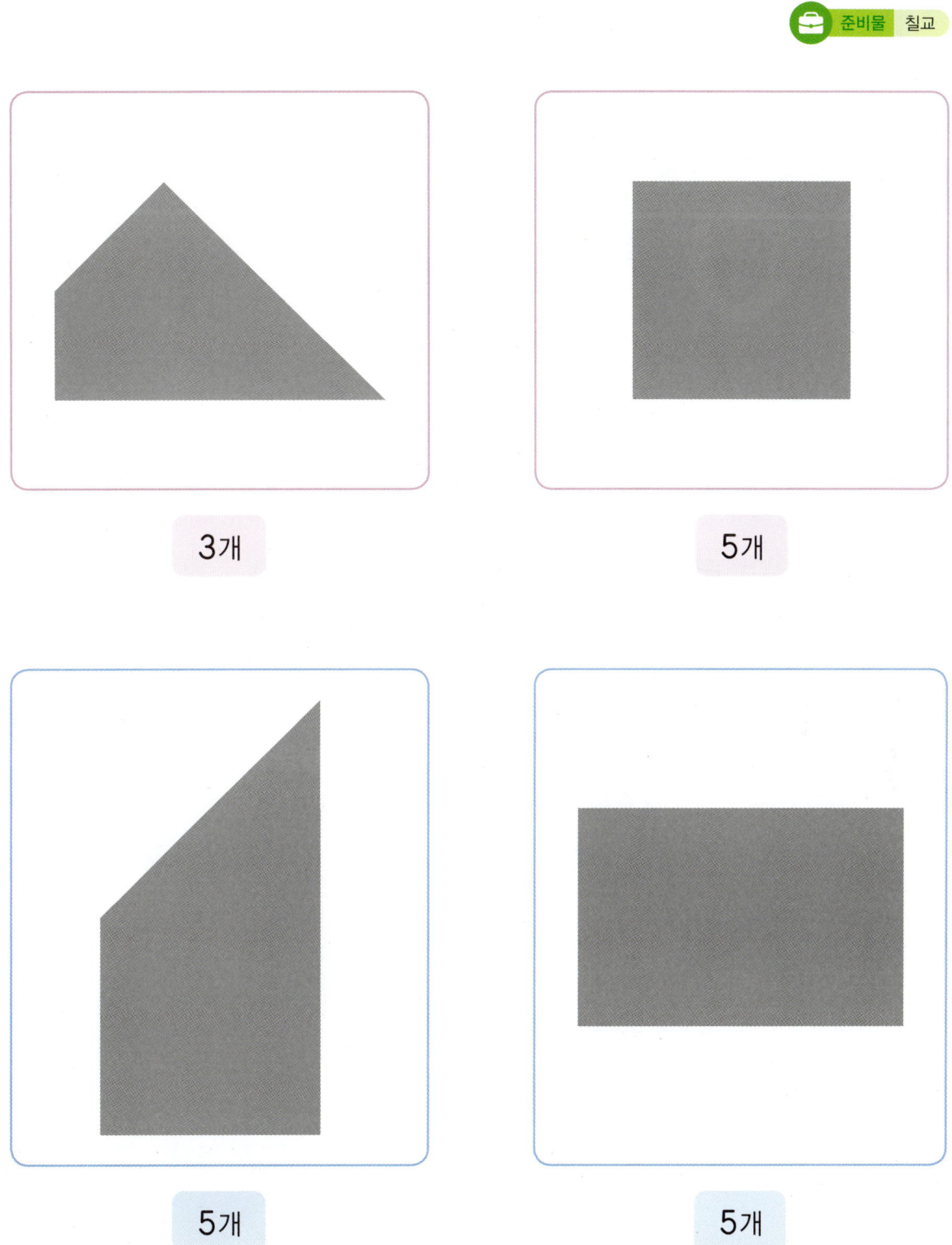

3개

5개

5개

5개

칠교 숫자, 문자

칠교 조각 7개를 모두 사용하여 다음 칠교 숫자를 완성해 보시오.

준비물 칠교

8

5

1 아인이는 칠교 조각을 사용하여 다음과 같이 한글 자음을 만들었습니다. 여러분
도 원하는 개수만큼 칠교 조각을 사용하여 한글 자음을 만들어 보시오.

 준비물 칠교 스티커

'ㅌ'을 만들었어.

자음: ☐

ㄱ, ㄴ, ㄷ, ㄹ, ……은 자음,
ㅏ, ㅑ, ㅓ, ㅕ, ……는 모음

잘 생각해 봐!

네 변의 길이가 같은 사각형 5개를 붙여서 만든 펜토미노는 알파벳 모양입니다.
펜토미노와 알파벳을 연결하여 보시오.

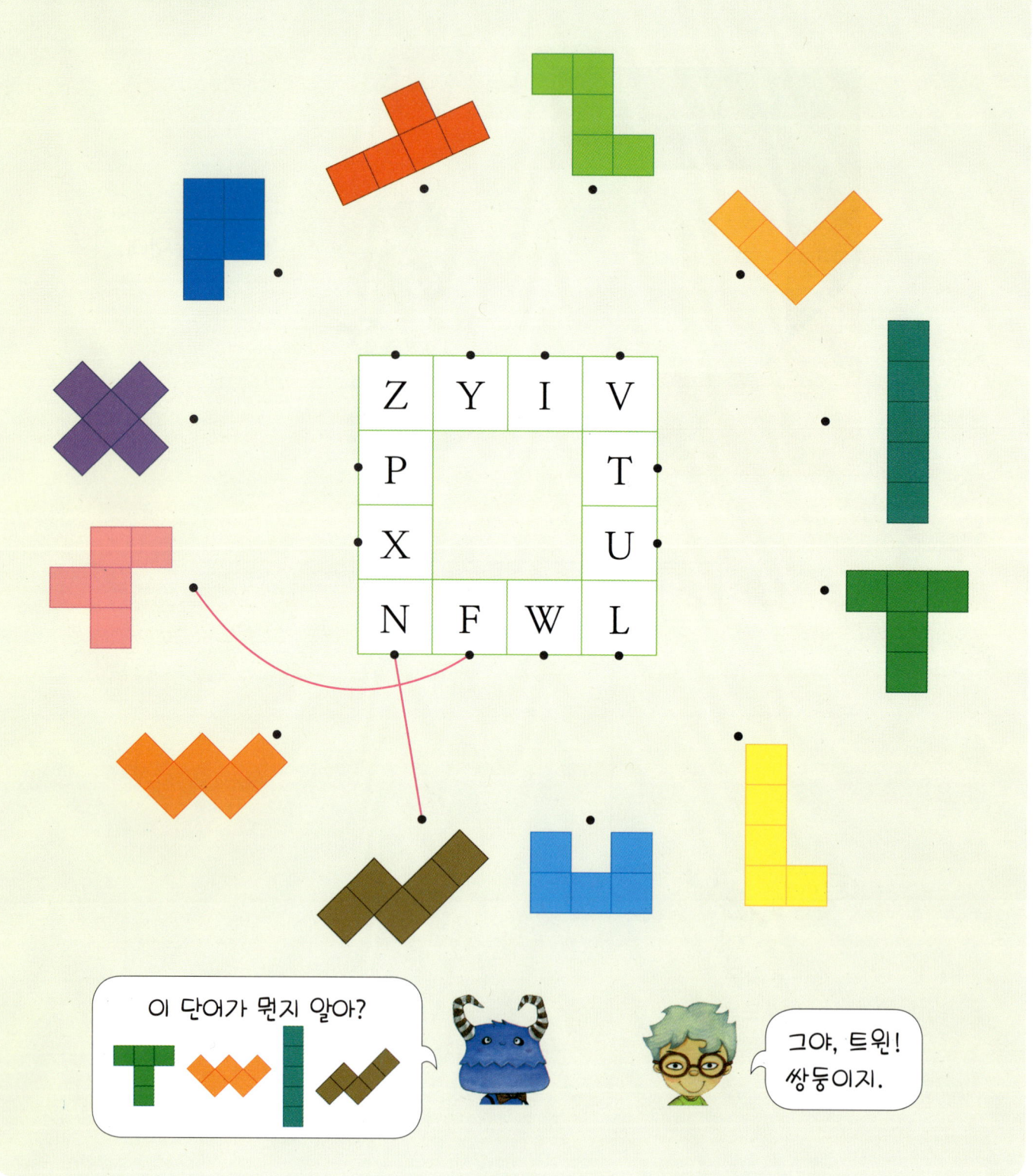

이 단어가 뭔지 알아?

그야, 트윈! 쌍둥이지.

다음 조각 중 펜토미노가 아닌 것을 모두 찾아 ✕표 하시오.

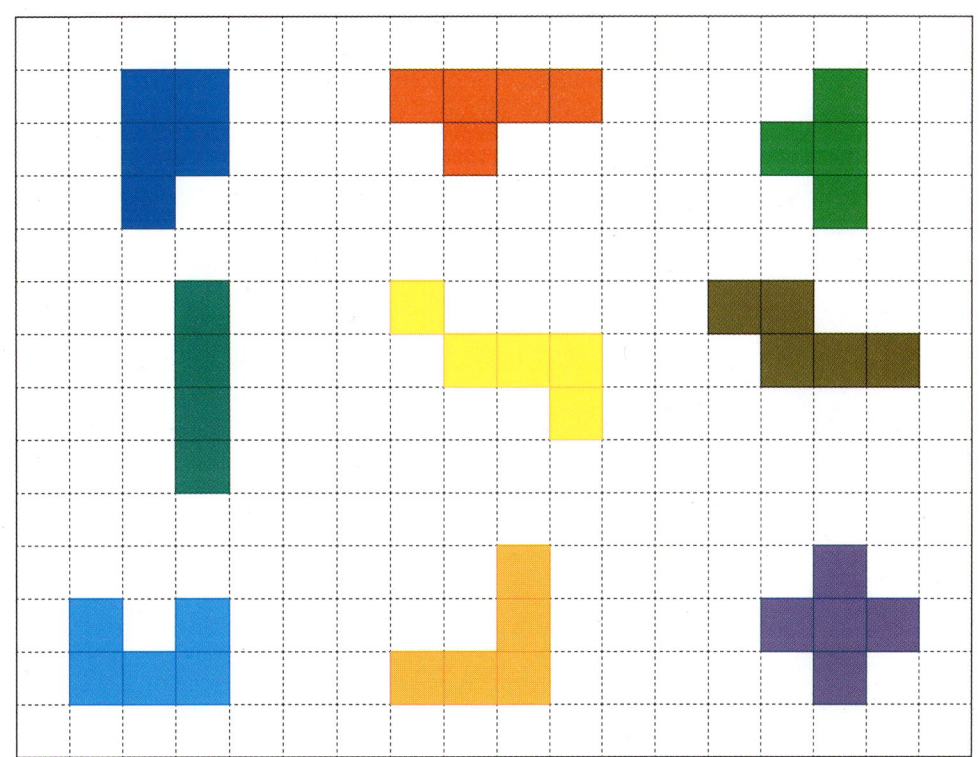

펜토미노는 ☐ 모양 5개를 변끼리 이어 붙인 모양이지.

☐ 모양을 서로 붙일 때에는 변과 변이 꼭 맞닿아야 해.

노크 포인트

펜토미노는 네 변의 길이가 같은 사각형 5개를 이어 붙여 만든 것입니다.

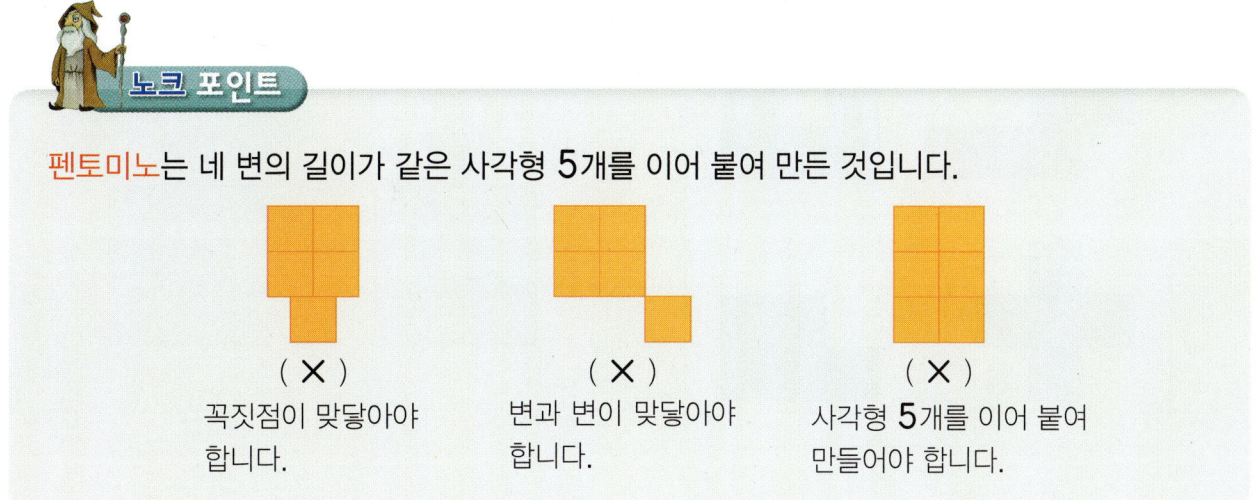

(✕)
꼭짓점이 맞닿아야
합니다.

(✕)
변과 변이 맞닿아야
합니다.

(✕)
사각형 5개를 이어 붙여
만들어야 합니다.

펜토미노 2조각

주어진 펜토미노 4조각을 한 번씩 사용하여 똑같은 모양 2개를 만들었습니다. 만든 방법을 선으로 나타내어 보시오.

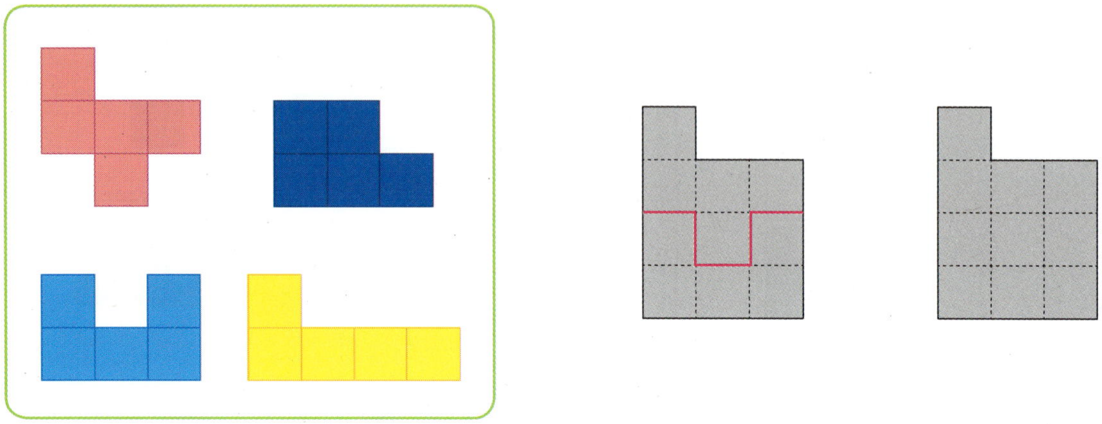

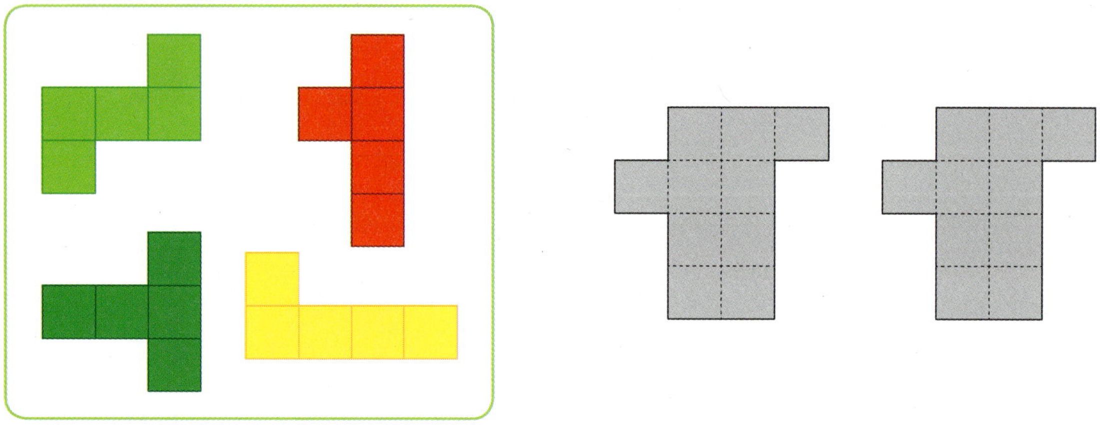

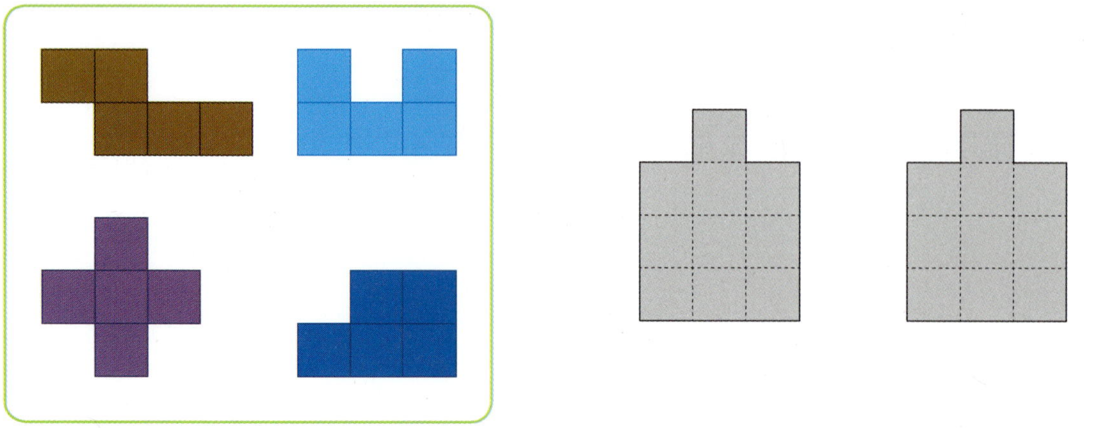

1 다음은 펜토미노 2조각을 사용하여 만든 모양입니다. 오른쪽 조각 중 사용하지
않은 조각을 찾아 ✕표 하시오.

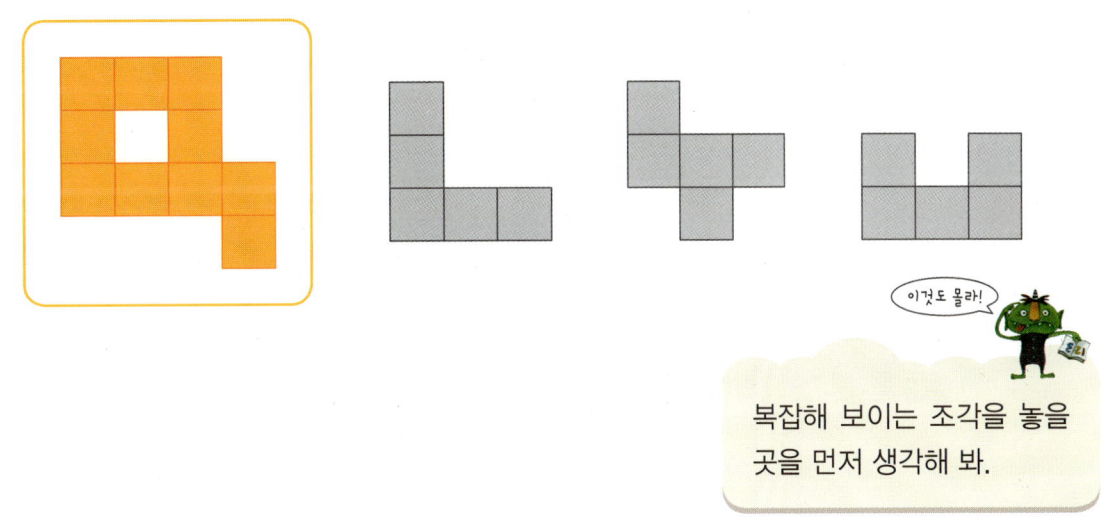

이것도 몰라!

복잡해 보이는 조각을 놓을
곳을 먼저 생각해 봐.

[다른 조각]

2 펜토미노 조각 2개를 사용하여 여러 가지 모양을 만들었습니다. 다음 중 사용한
조각이 다른 모양을 찾아 ✕표 하시오.

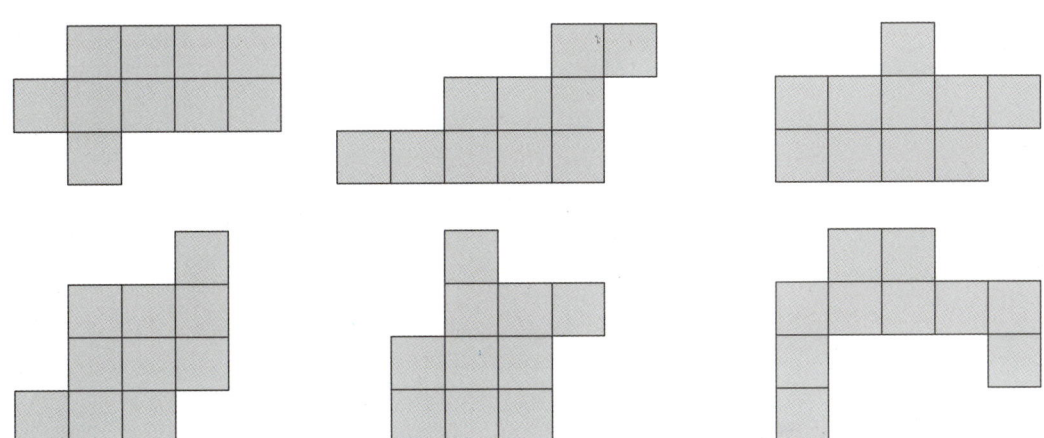

 # 펜토미노로 만들기

주어진 펜토미노의 모든 변의 길이가 2배로 확대된 도형을 만들려고 합니다. 서로 다른 펜토미노 조각을 사용하여 만들어 보시오.

준비물 펜토미노

몇 조각으로 만들어야 하는 거지?

잘 생각해 봐!

길이를 2배로 늘린 도형을 만들려면 펜토미노 몇 조각이 필요한지 먼저 생각해 보렴.

1 펜토미노 12조각을 모두 한 번씩 사용하여 다음 모양을 완성하여 보시오.

복잡한 모양부터
놓아 보렴.

창의적 문제해결력

1 칠교 조각 4개를 사용하여 오각형을 만들어 보시오.

오각형

2 다음 모양은 칠교 조각 6개를 사용하여 만든 모양입니다. 사용하지 않은 조각의 기호를 쓰시오.

3 펜토미노 ┃ 2조각을 모두 한 번씩 사용하여 사슴 모양을 완성하여 보시오.

준비물 펜토미노

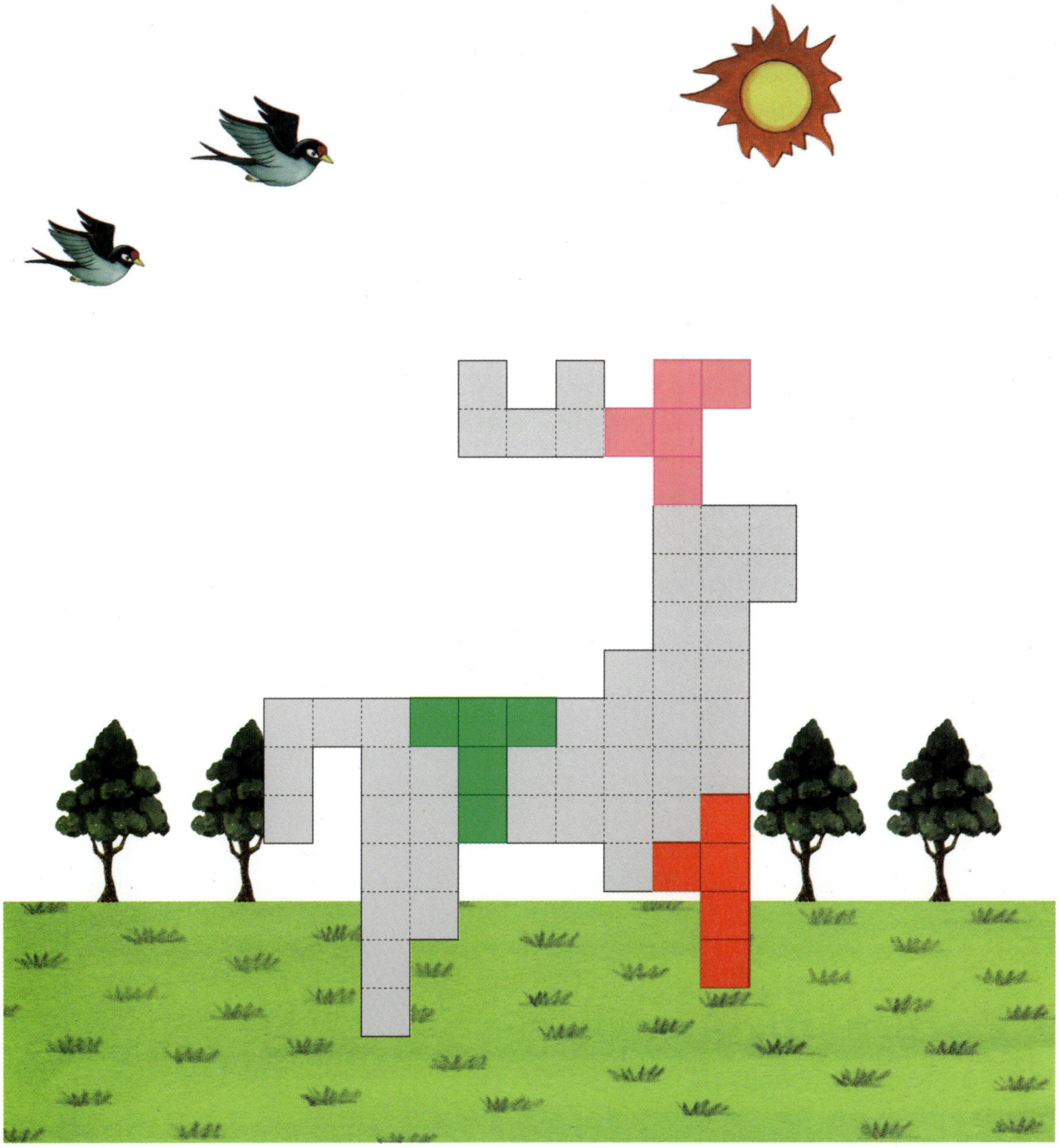

Chapter 3

도형의 개수

7 잘린 도형의 개수

지오는 지옥문을 통과하여 집으로 돌아가려고 합니다. 지옥문을 통과하기 위해서는 문에 그려진 도형에 2개의 선을 그어 삼각형 2개와 사각형 2개로 나누어야 합니다. 도형에 선을 그어 나타내시오.

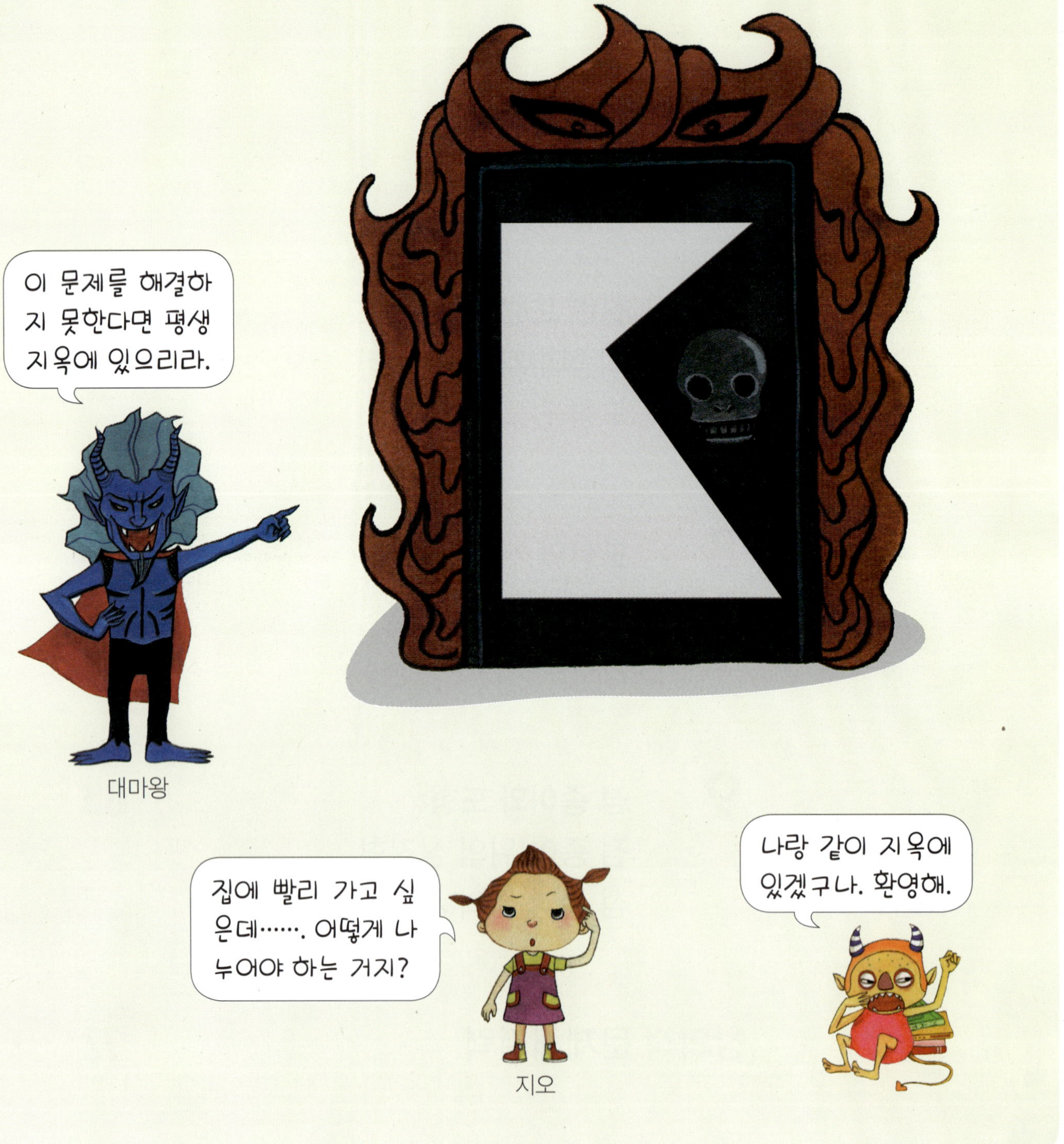
이 문제를 해결하지 못한다면 평생 지옥에 있으리라.
대마왕
집에 빨리 가고 싶은데……. 어떻게 나누어야 하는 거지?
지오
나랑 같이 지옥에 있겠구나. 환영해.

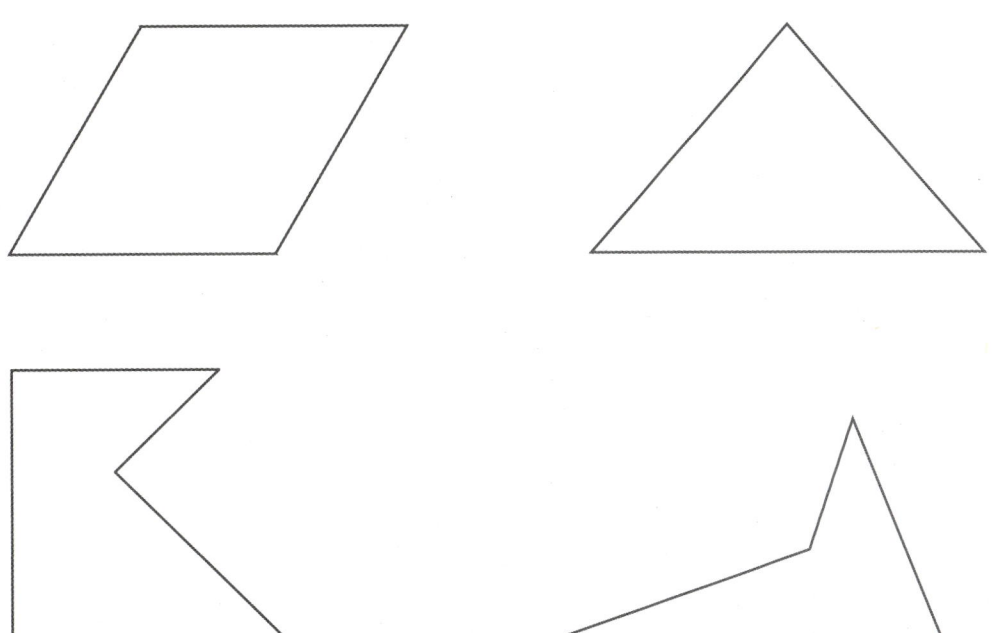

다음 도형에 선 1개를 그어 2개의 삼각형으로 나누어 보시오.

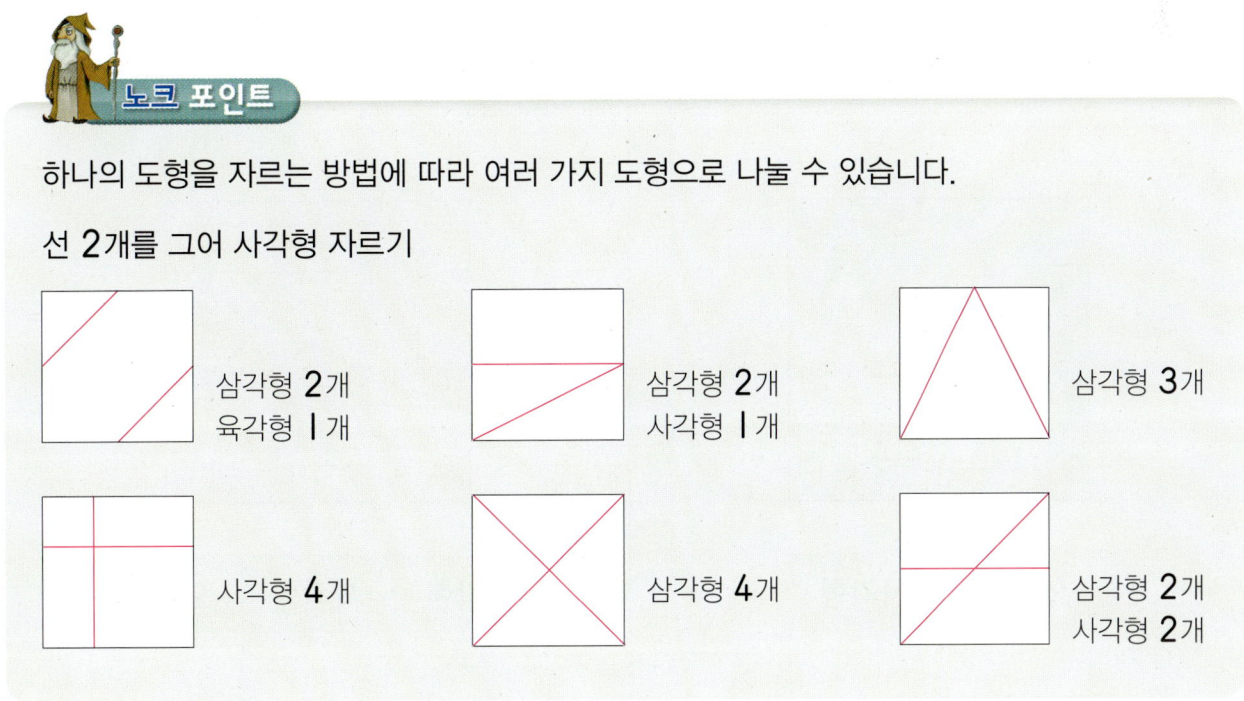

노크 포인트

하나의 도형을 자르는 방법에 따라 여러 가지 도형으로 나눌 수 있습니다.

선 2개를 그어 사각형 자르기

삼각형 2개
육각형 1개

삼각형 2개
사각형 1개

삼각형 3개

사각형 4개

삼각형 4개

삼각형 2개
사각형 2개

색종이 자르기

초이는 선을 따라 색종이를 자르고 있습니다. 선을 따라 잘랐을 때 생기는 각 도형의 개수를 구하시오.

어떤 도형이 나올까?

삼각형	사각형

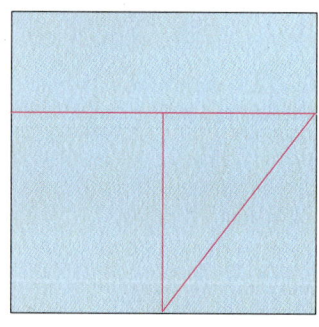

삼각형	사각형

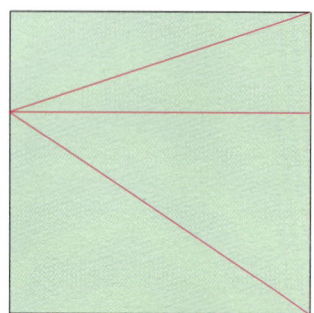

삼각형	사각형

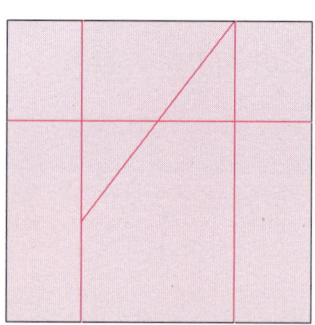

삼각형	사각형	오각형

1 보기 와 같이 종이를 한 번 잘라 주어진 도형을 만들어 보시오.

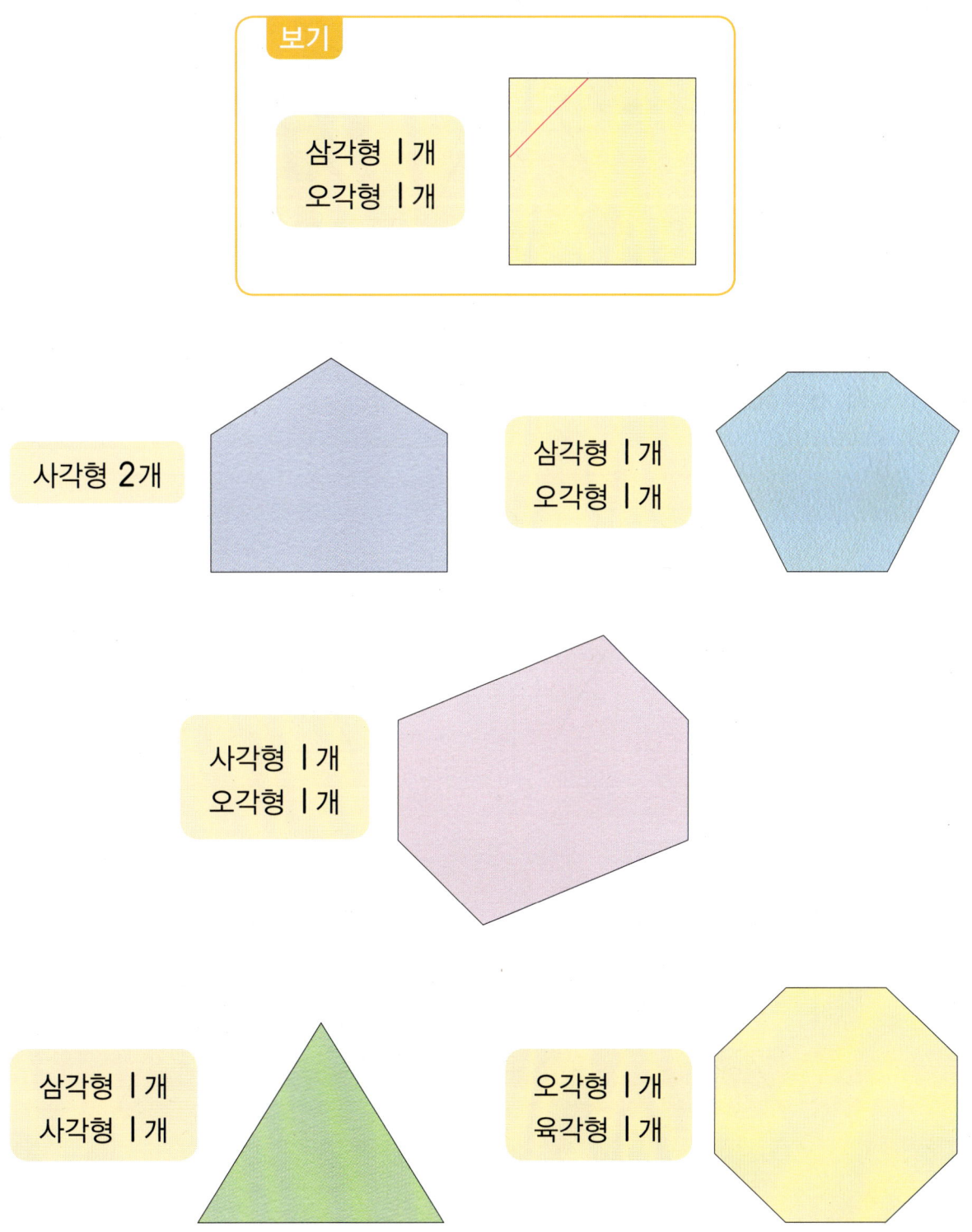

보기

삼각형 1개
오각형 1개

사각형 2개

삼각형 1개
오각형 1개

사각형 1개
오각형 1개

삼각형 1개
사각형 1개

오각형 1개
육각형 1개

 # 도형 만들기

태경이는 곧은 선 2개를 그어 삼각형 2개와 사각형 1개로 나누었습니다.

두 점을 이은 선으로 도형을 나눈 거야.

태경이와 같은 방법으로 다음 도형 위에 2개의 선을 그어 여러 가지 다각형으로 나누어 보시오. 또 나눈 다각형의 이름과 개수를 쓰시오.

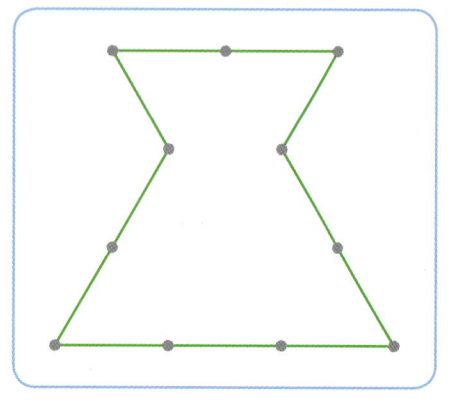

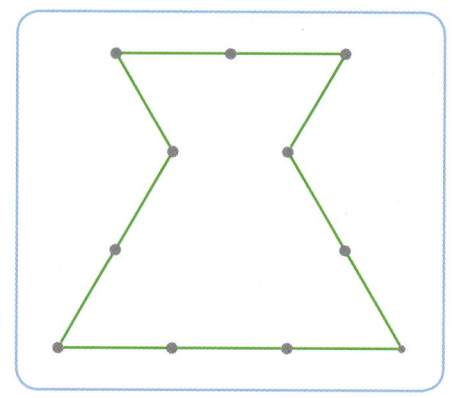

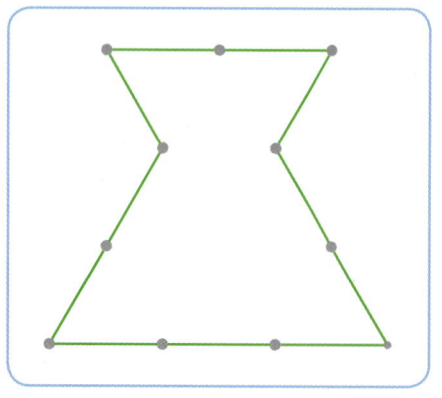

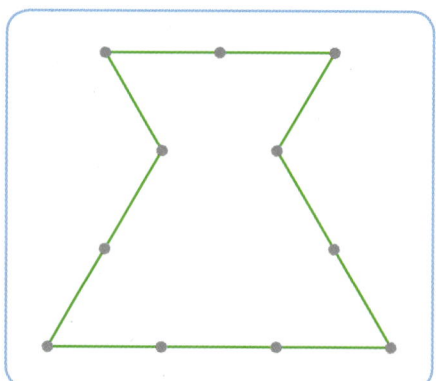

[도형 만들기]

1 점을 이어 주어진 도형을 만들어 보시오. (단, 도형끼리 겹치지 않도록 그립니다.)

❶
삼각형 2개, 사각형 1개

❷
삼각형 1개, 육각형 1개

[선 그어 도형 나누기]

2 두 점을 잇는 곧은 선을 여러 개 그어 주어진 도형으로 나누어 보시오.

삼각형 3개
사각형 1개
오각형 1개

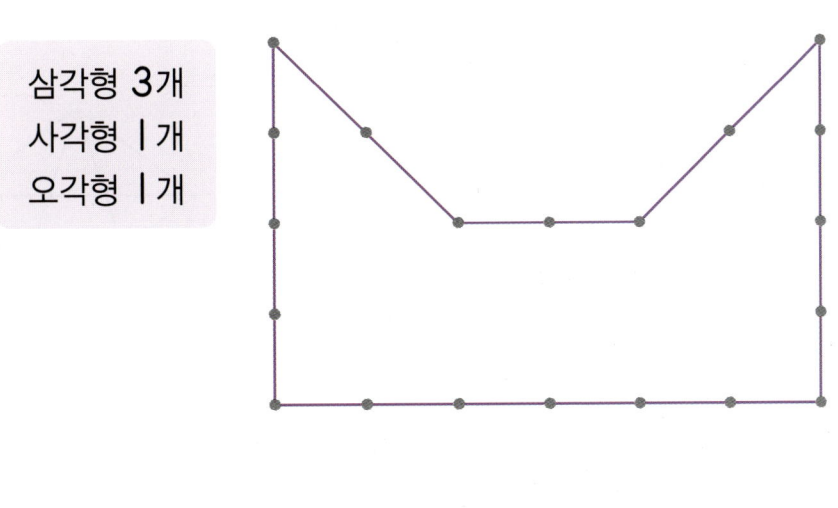

잘 생각해 봐!

선을 그으면서 나누어지는 모양을 잘 보렴.

 # 도형의 개수

대마법사 멀린은 다음과 같은 마법진을 그렸습니다. 별 모양의 마법진은 마법의 기운을 더욱 강하게 만들어 줄 수 있습니다.

마법진이여, 나타나라!!

마법진에서 서로 다른 모양의 삼각형을 모두 찾아보시오.

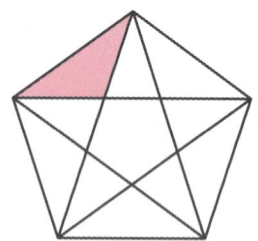   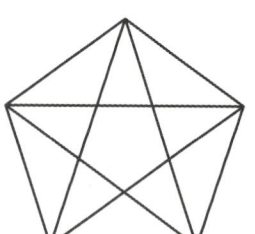   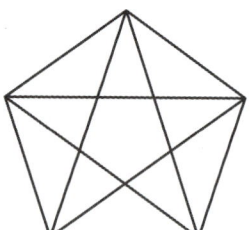

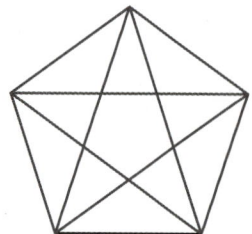   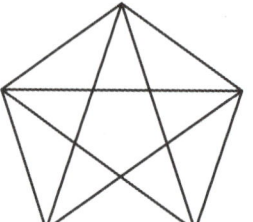

다음 모양에서 선을 따라 그릴 수 있는 크고 작은 사각형의 개수를 구해 봅시다.

사각형은
4개잖아.

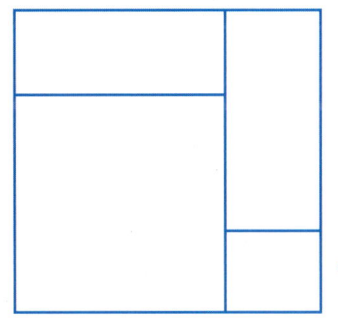

잘린 사각형이 아니라 선을 따라 그릴 수 있는 사각형이야. 그러니까 여러 칸으로 된 사각형도 세야 해.

- 1칸으로 이루어진 사각형의 개수를 구하시오.

- 2칸으로 이루어진 사각형의 개수를 구하시오.

- 4칸으로 이루어진 사각형의 개수를 구하시오.

- 그릴 수 있는 사각형은 모두 몇 개입니까?

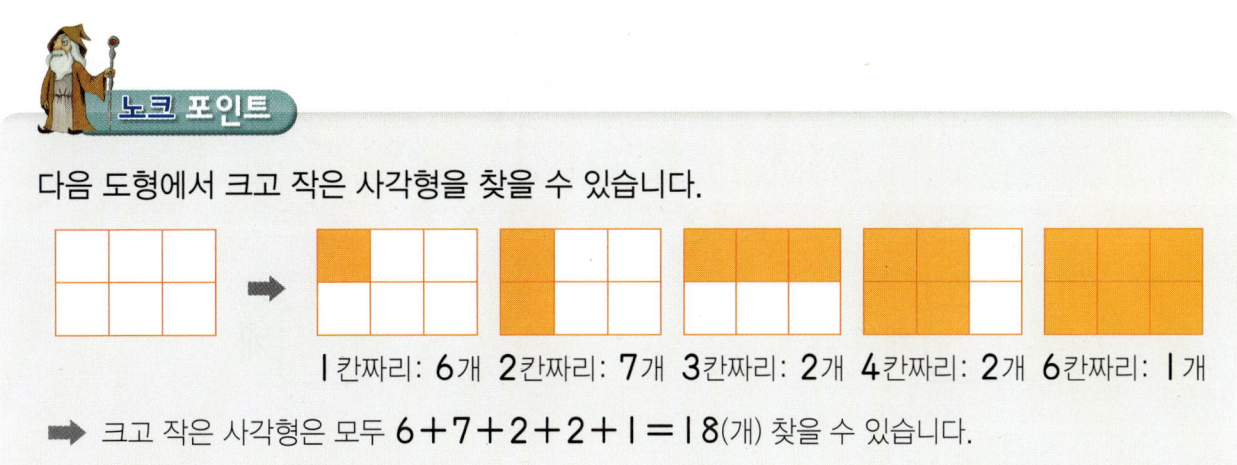

노크 포인트

다음 도형에서 크고 작은 사각형을 찾을 수 있습니다.

1칸짜리: 6개 2칸짜리: 7개 3칸짜리: 2개 4칸짜리: 2개 6칸짜리: 1개

➡ 크고 작은 사각형은 모두 6+7+2+2+1=18(개) 찾을 수 있습니다.

다음 도형에서 찾을 수 있는 크고 작은 삼각형의 개수를 구하시오.

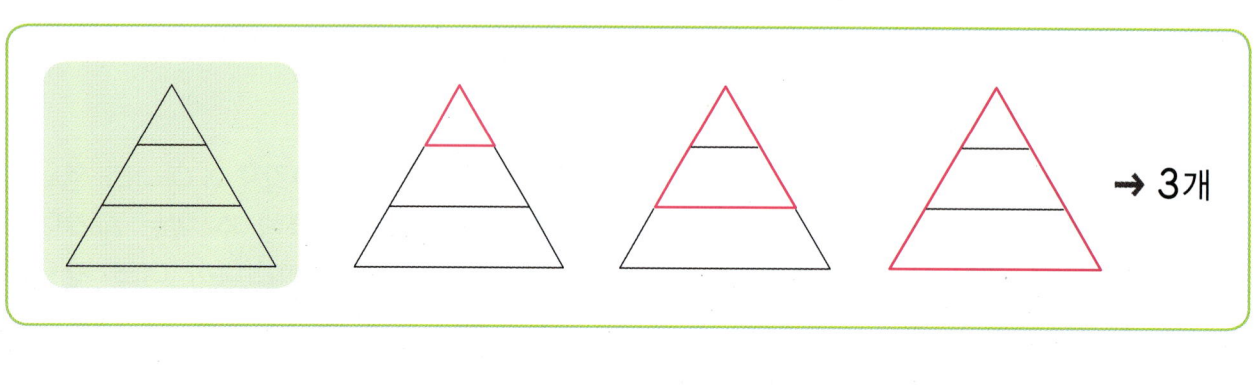 → 3개

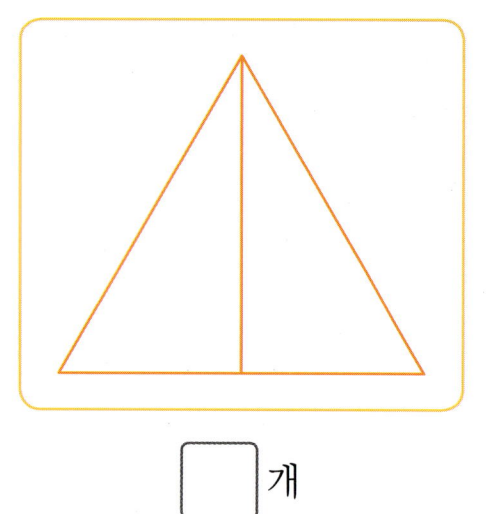

□ 개

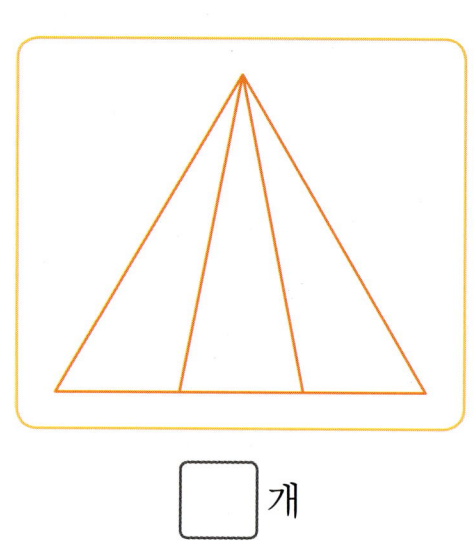

□ 개

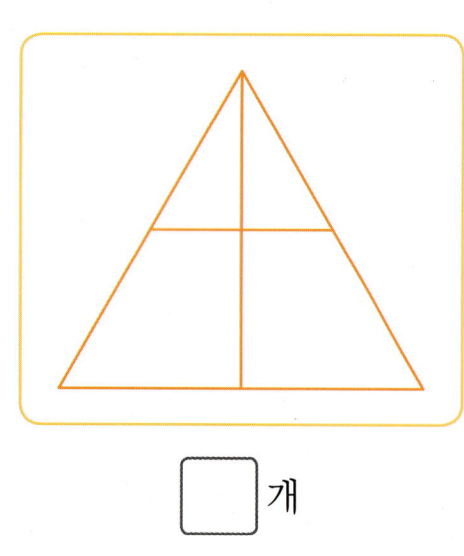

□ 개

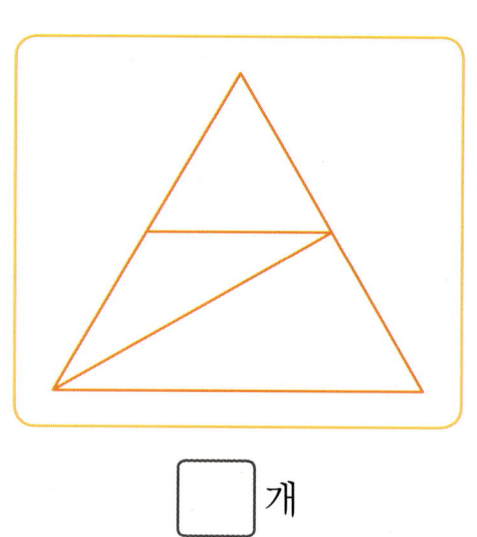

□ 개

[삼각형 만들기]

1 보기 와 같이 도형 위에 여러 가지 방법으로 곧은 선 2개를 그어 보시오. 또 선을 그었을 때 생기는 크고 작은 삼각형의 개수를 구하시오.

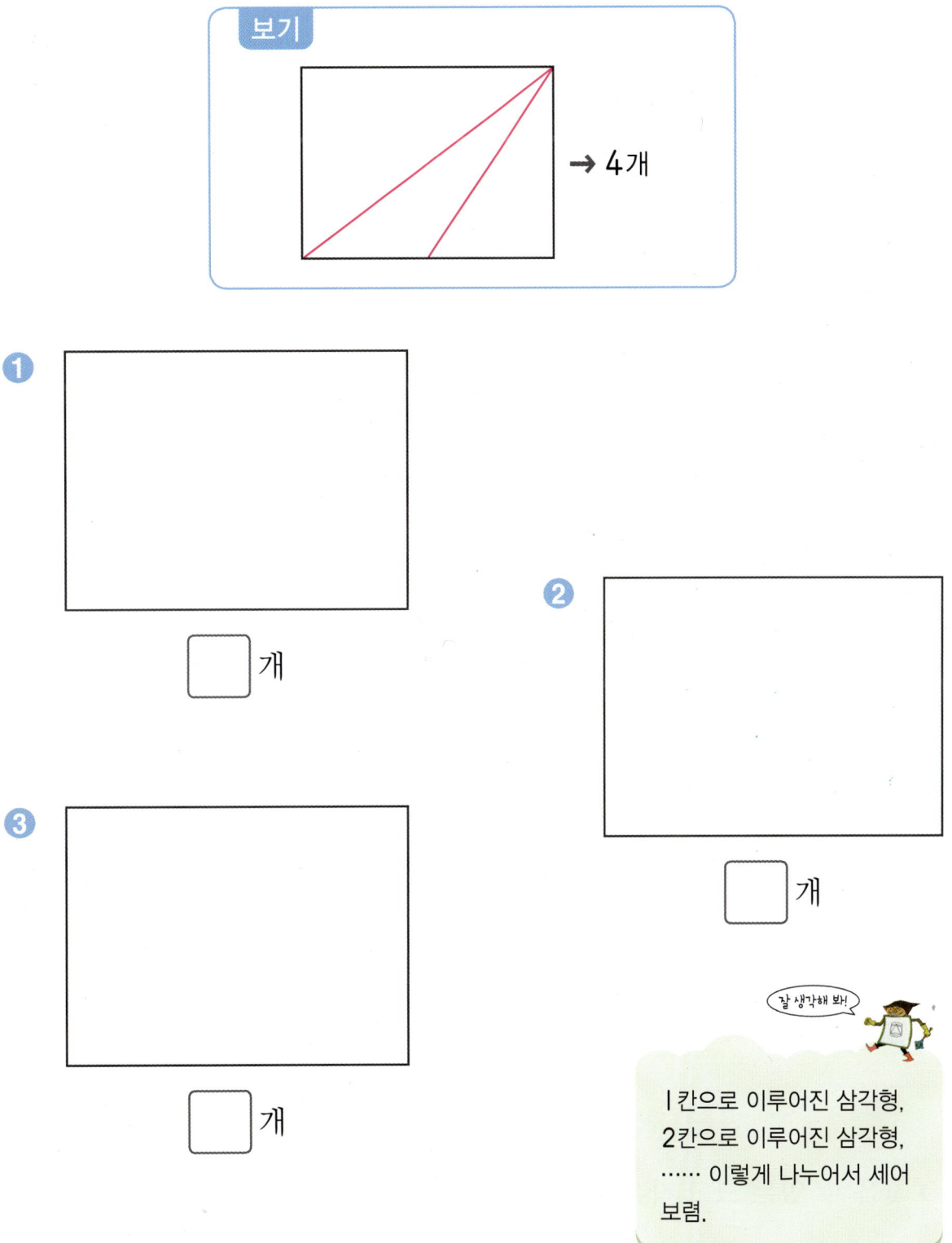

보기

→ 4개

① □ 개

② □ 개

③ □ 개

잘 생각해 봐!

1칸으로 이루어진 삼각형,
2칸으로 이루어진 삼각형,
…… 이렇게 나누어서 세어
보렴.

사각형의 개수

다음 도형에서 찾을 수 있는 크고 작은 사각형의 개수를 구해 봅시다.

❶ 도형에서 찾을 수 있는 사각형의 종류를 모두 나타내시오. (단, 찾을 수 없는 사각형은 나타내지 않습니다.)

이것도 몰라!

모양과 크기가 다른 사각형을 모두 찾아야 해.

 1칸짜리

2칸짜리

3칸짜리

4칸짜리

❷ ❶에서 찾은 사각형의 개수를 각각 구하시오.

1칸짜리: ☐ 개   2칸짜리: ☐ 개, ☐ 개

3칸짜리: ☐ 개   4칸짜리: ☐ 개

❸ 찾을 수 있는 크고 작은 사각형은 모두 몇 개입니까?

1 다음 도형에서 찾을 수 있는 크고 작은 사각형의 개수를 구하시오.

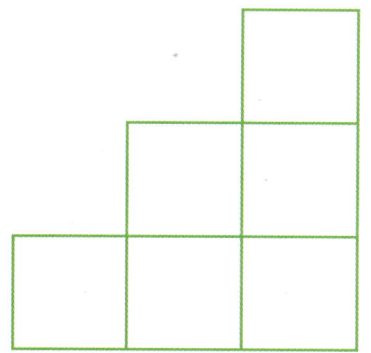

찾을 수 있는 사각형
의 종류를 먼저 생각
해 보렴.

[그림 속의 사각형]
2 그림에서 찾을 수 있는 크고 작은 사각형의 개수를 구하시오.

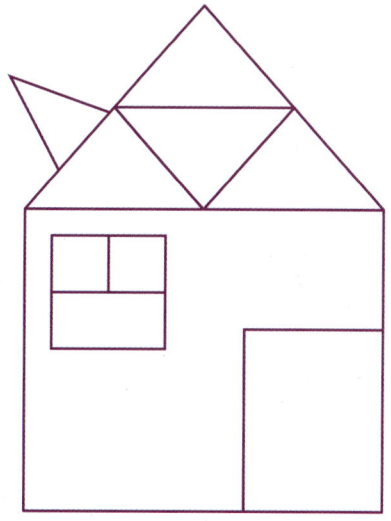

지붕에서도 사각형을
찾을 수 있다는 놀라
운 사실!

9 점 종이와 도형

대마법사 멀린이 피타고라스 요정에게 삼각형 모양 마법진을 만들라고 하였습니다.

별 3개가 모두 마
법진 안으로 들어
가야 하느니라.

삼각형 모양이니까
세 점을 연결해야
겠군요.

멀린

피타고라스 요정

피타고라스 요정을 도와 삼각형 모양 마법진을 모두 만들어 보시오.

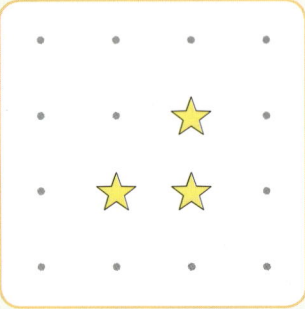

수학 마법이 커지면
안 돼! 마법진을 만
들지 못하도록 방법
을 찾아봐야겠군.

대마왕

주어진 점 중에서 4개의 점을 꼭짓점으로 하는 사각형을 모두 그리시오.

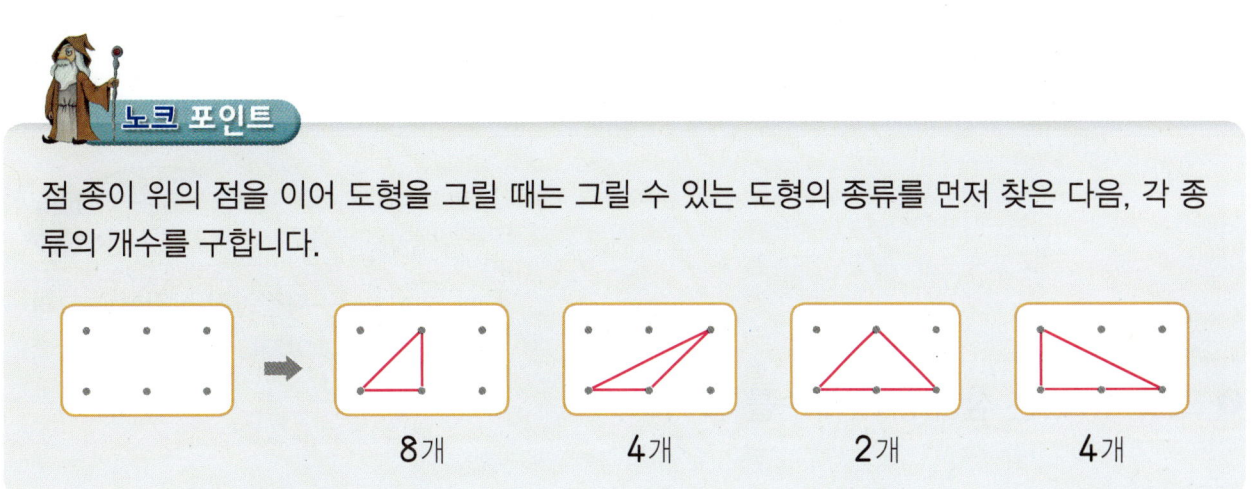

점 종이 위의 삼각형

점 종이 위에 3개의 점을 꼭짓점으로 하여 세 변의 길이가 같은 삼각형을 그리려고 합니다. 그릴 수 있는 삼각형의 개수를 구해 봅시다.

세 변의 길이가 같은 삼각형이라…….

❶ 다음과 같이 세 변의 길이가 같은 삼각형을 각각 몇 개 그릴 수 있는지 구하시오.

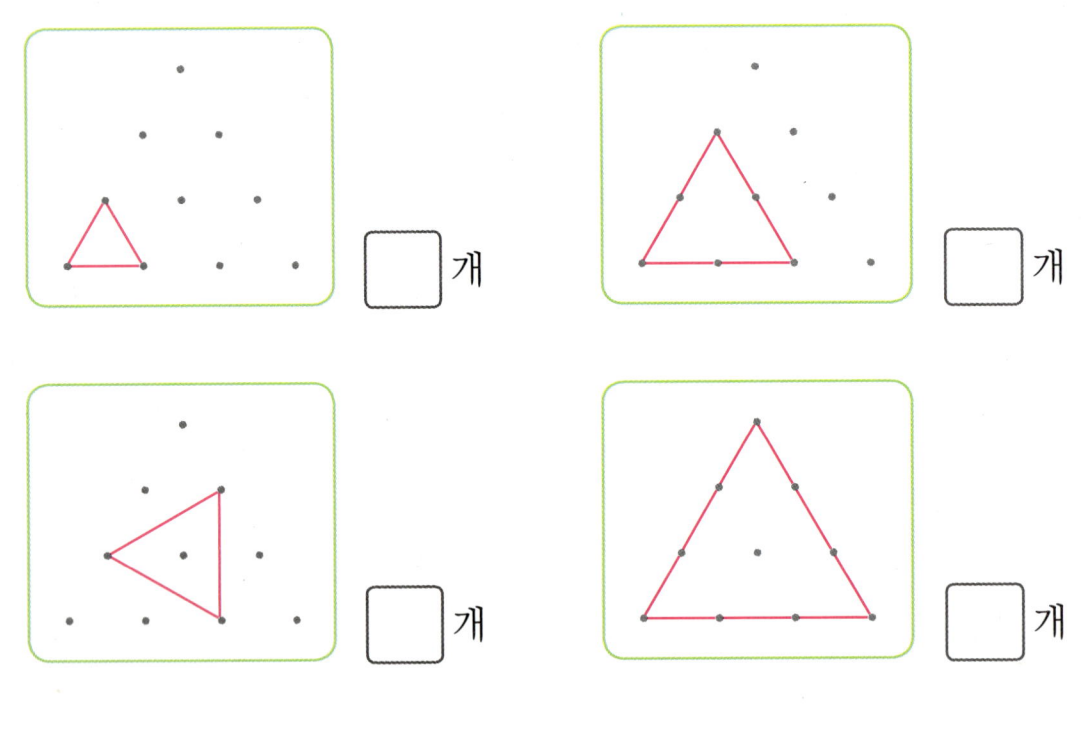

개

개

개

개

❷ 그릴 수 있는 삼각형의 개수를 쓰시오.

이것도 몰라!

뒤집어진 삼각형도 그려야지!

1 다음은 점 종이 위에 그릴 수 있는 삼각형의 종류입니다. 각 종류별 삼각형의 개 수를 ☐ 안에 써넣으시오.

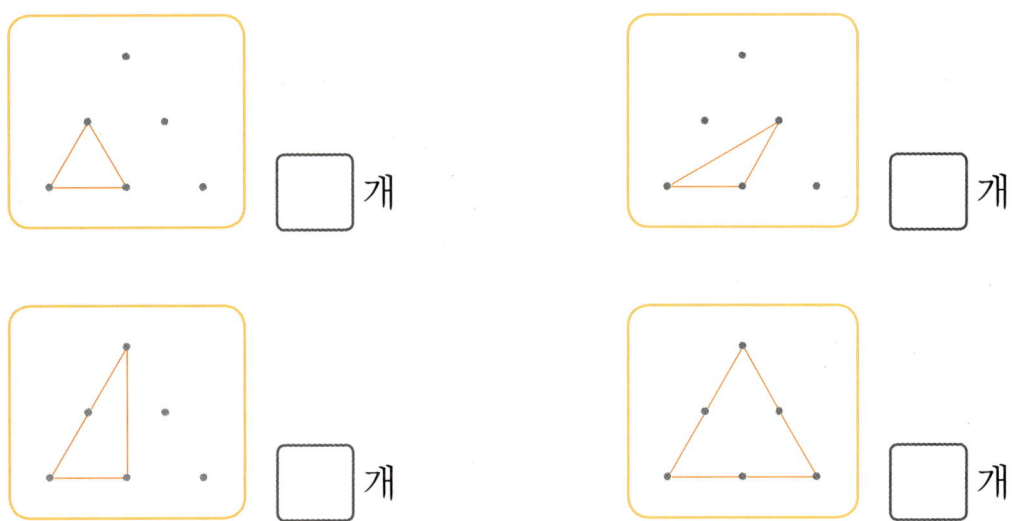

☐ 개

☐ 개

☐ 개

☐ 개

[원 위의 삼각형]

2 3개의 점을 꼭짓점으로 하여 만들 수 있는 삼각형은 모두 몇 개입니까?

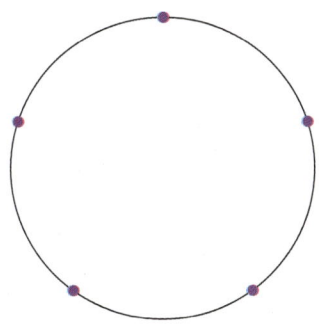

점 종이 위의 사각형

다음 점 종이 위에 4개의 점을 꼭짓점으로 하여 그릴 수 있는 사각형의 개수를 구해 봅시다.

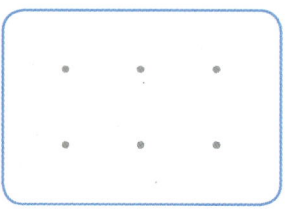

❶ 점 종이 위에 서로 다른 사각형의 종류를 모두 그리시오.

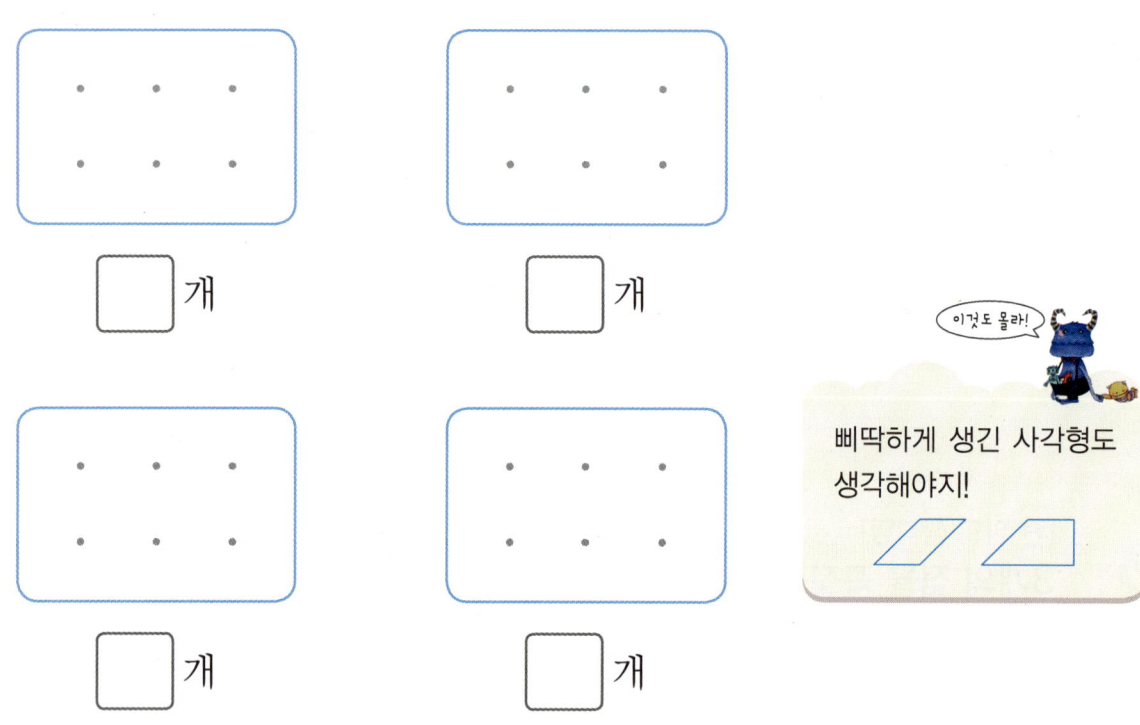

이것도 몰라!

삐딱하게 생긴 사각형도 생각해야지!

❷ ❶에서 찾은 사각형을 종류별로 몇 개씩 그릴 수 있는지 ☐ 안에 써넣으시오.

❸ 그릴 수 있는 사각형의 개수를 쓰시오.

[네 변의 길이가 같은 사각형]

1 다음 점 종이 위에 4개의 점을 꼭짓점으로 하여 네 변의 길이가 모두 같은 사각형을 그리려고 합니다. 그릴 수 있는 사각형의 개수를 쓰시오.

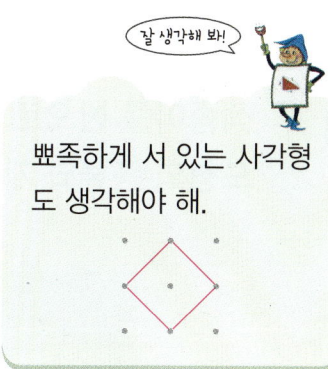

뽀족하게 서 있는 사각형도 생각해야 해.

[한 변이 주어진 사각형]

2 다음 점 종이 위에 4개의 점을 꼭짓점으로 하는 사각형을 그리려고 합니다. 주어진 선분을 한 변으로 하는 사각형의 개수를 쓰시오.

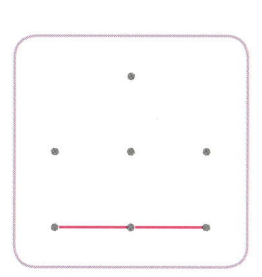

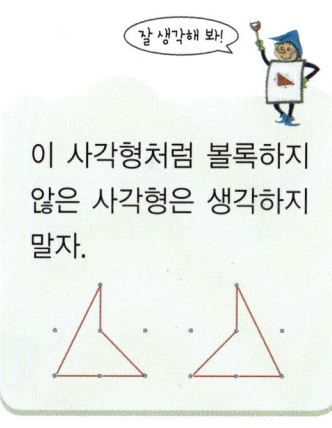

이 사각형처럼 볼록하지 않은 사각형은 생각하지 말자.

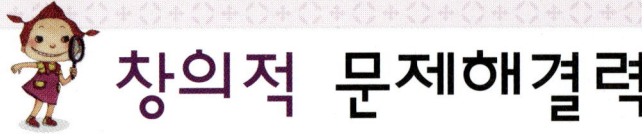

창의적 문제해결력

1 색종이를 반으로 접은 다음 선을 따라 잘랐습니다. 색종이를 펼쳤을 때 나오는 도형의 종류와 개수를 구하시오.

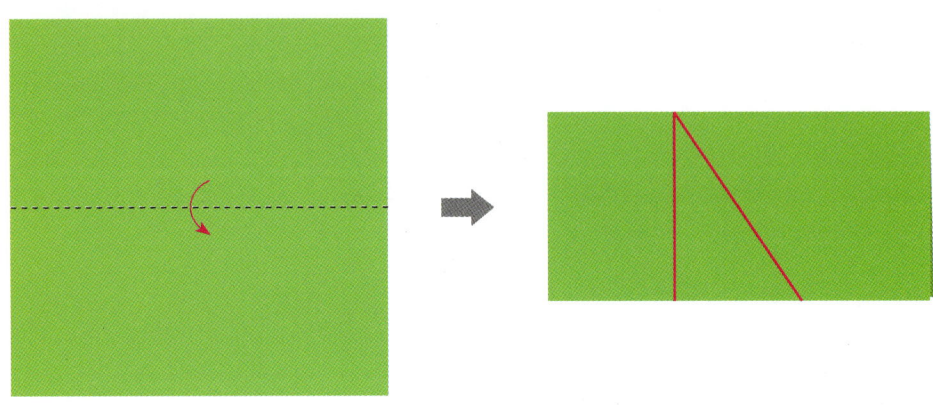

2 다음 도형에서 찾을 수 있는 크고 작은 사각형의 개수를 구하시오.

한 칸짜리 사각형은 6개군.

네 칸짜리 사각형은 1개야.

3 다음 점 종이 위에 4개의 점을 꼭짓점으로 하는 사각형을 그리려고 합니다. 주어진 선분을 한 변으로 하는 사각형은 모두 몇 개인지 구하시오.

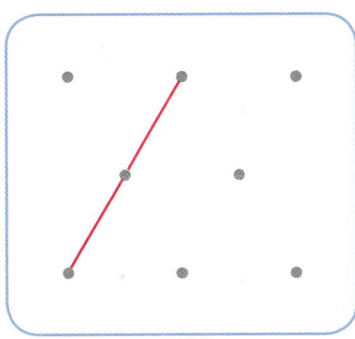

4 다음 도형에서 찾을 수 있는 크고 작은 삼각형의 개수를 구하시오.

너무 쉽잖아. 3칸짜리 삼각형도 없잖아.

Chapter 4

평면 타일

어머니가 놓고 가신 휴대 전화에서 전화벨이 울렸습니다.

선생님이시네. 그래! 어머니가 만든 패턴이 기억 났어.

태경

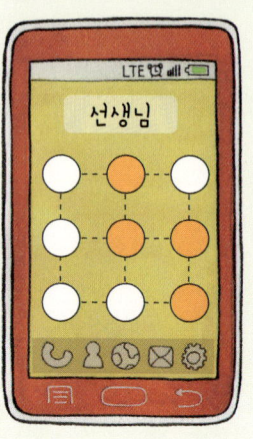

암호를 풀지 못하게 휴대 전화를 돌려야지~

거꾸로 요괴

거꾸로 요괴가 휴대 전화를 돌리고, 뒤집었습니다. 어머니의 암호 패턴을 찾아 색칠하여 보시오.

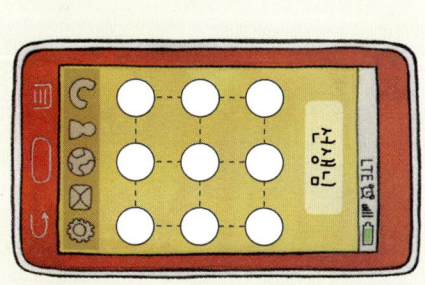

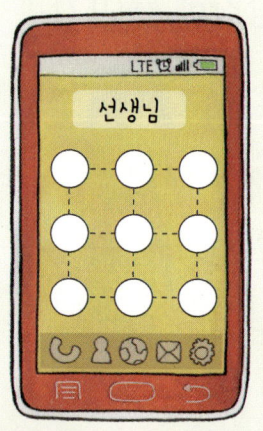

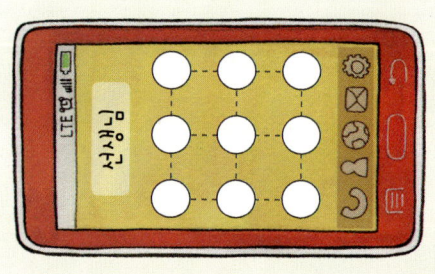

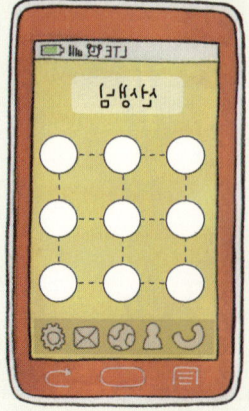

이건 마법을 써서 옆으로 뒤집었어.

다음 중 돌리거나 뒤집었을 때 다른 모양 하나를 찾아 ✕표 하시오.

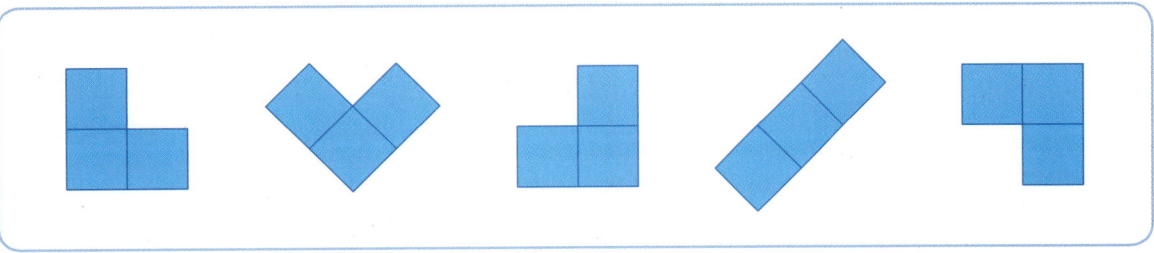

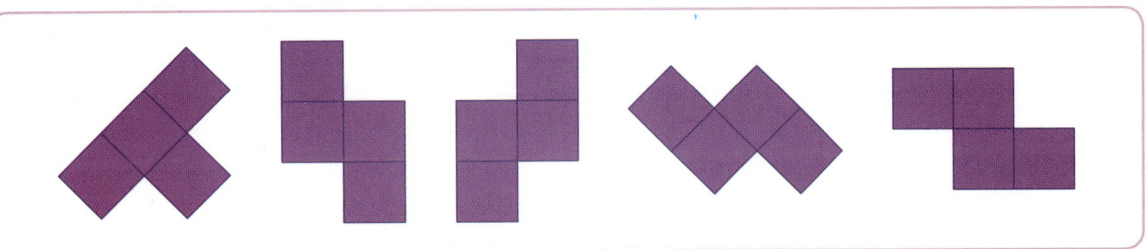

사각형 붙이기

다음과 같이 한 사각형의 변마다 다른 사각형을 붙여서 만든 도미노는 돌리거나 뒤집으면 모두 같은 모양입니다.

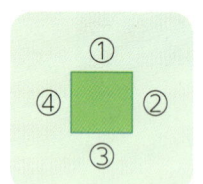    

네 변의 길이가 같은 사각형 2개를 이어 붙여 만든 모양을 도미노라고 해.

같은 방법으로 사각형 3개를 이어 붙여 만든 모양(트리미노)과 사각형 4개를 이어 붙여 만든 모양(테트라미노)을 알아봅시다.

❶ 도미노의 주위에 사각형 1개를 더 붙여 보시오. 서로 다른 모양의 트리미노는 모두 몇 가지입니까?

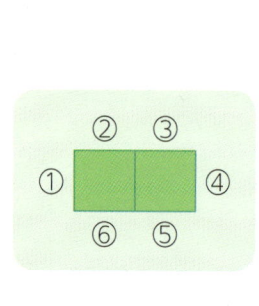

❷ 5가지 모양의 테트라미노를 모두 그려 보시오.

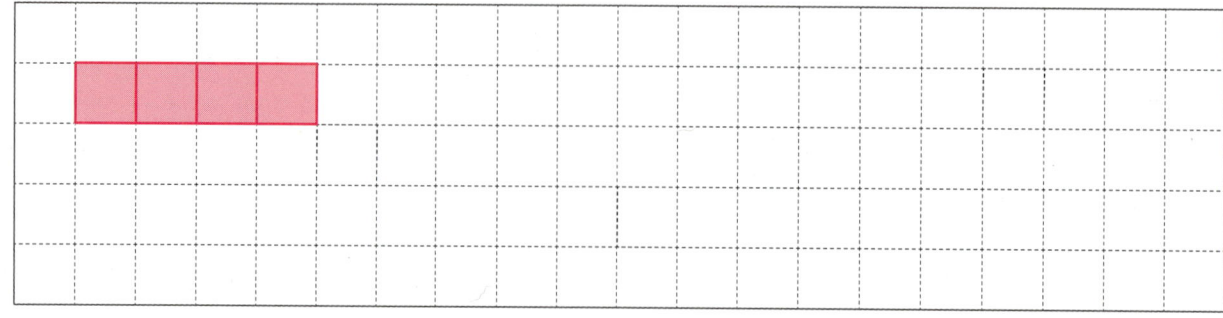

1 다음은 5가지 테트라미노를 이어 붙여 뱀을 만든 것입니다. 만든 방법을 선으로 나타내어 보시오.

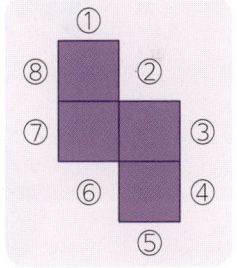

이것도 몰라!

꼬리 부분에 들어갈 수 있는 모양은 'ㄱ' 자 모양 밖에 없어.

[펜토미노 만들기]

2 네 변의 길이가 같은 사각형 5개를 이어 붙여 만든 모양을 펜토미노라고 합니다. 오른쪽 테트라미노 모양에 사각형 1개를 더 붙여 보시오. 이 테트라미노 모양을 이용하여 만들 수 있는 서로 다른 모양의 펜토미노는 모두 몇 가지입니까?

돌리거나 뒤집었을 때 같은 모양이면 같은 종류로 생각해야 해.

삼각형 붙이기

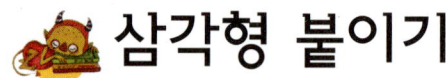

세 변의 길이가 같은 삼각형을 변끼리 이어 붙여 만든 모양을 폴리아몬드라고 합니다. 여러 가지 폴리아몬드 중 모양이 같은 것끼리 선으로 이으시오.

폴리아몬드의 종류

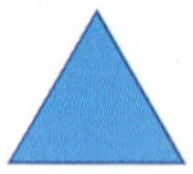

모니아몬드
(삼각형 1개)

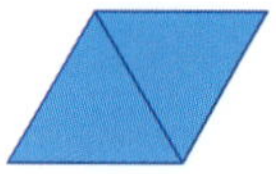

다이아몬드
(삼각형 2개)

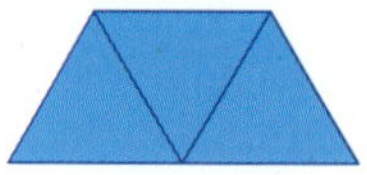

트리아몬드
(삼각형 3개)

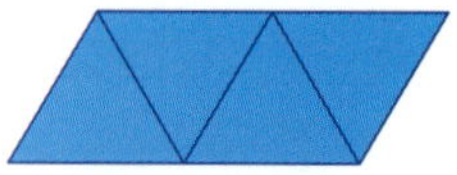

테트리아몬드
(삼각형 4개)

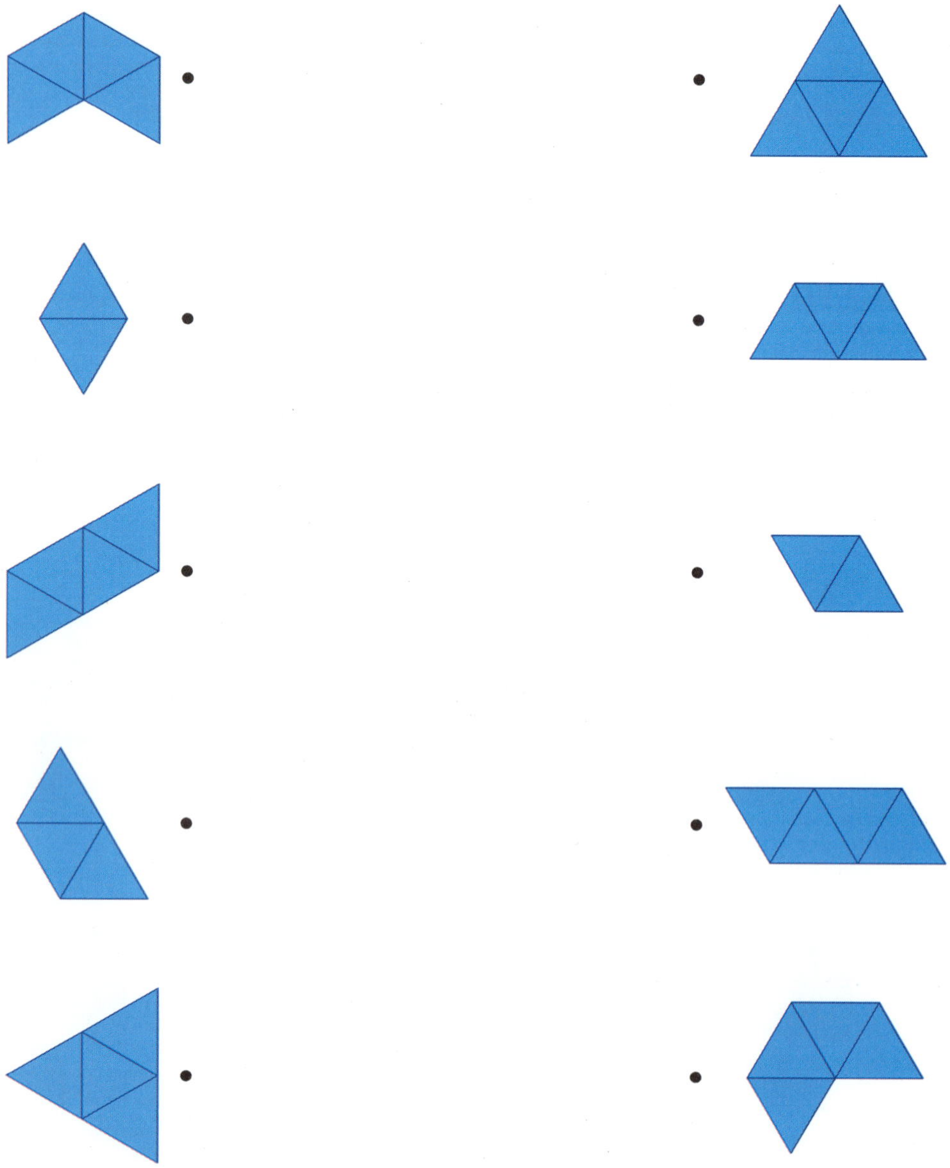

1 주어진 테트리아몬드 조각을 여러 개 사용하여 오른쪽 모양을 덮으려고 합니다.
어떻게 덮어야 하는지 그려 보시오.

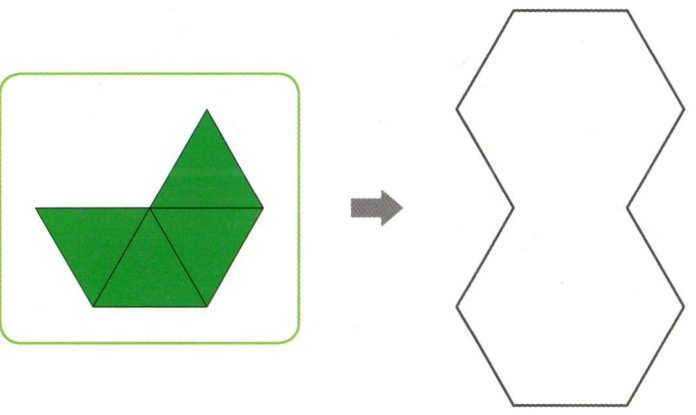

2 네 변의 길이가 같은 사각형을 다음과 같이 자르면 삼각형 2개가 됩니다. 이 삼
각형 2개를 길이가 같은 변끼리 이어 붙여 만들 수 있는 서로 다른 모양을 모두
그려 보시오.

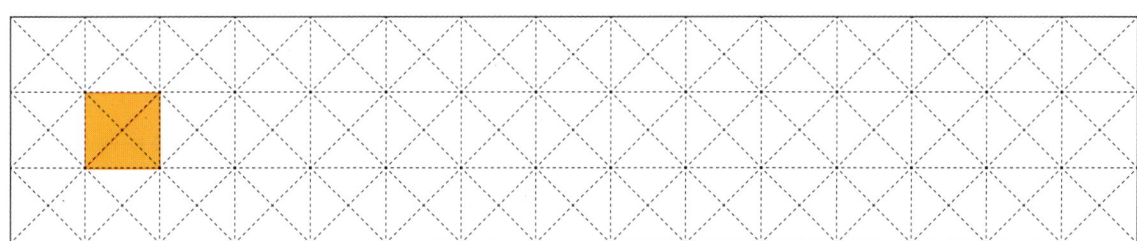

잘 생각해 봐!

돌리거나 뒤집어서 같은 모
양은 한 가지로 생각해야 해.

패턴 무늬

초이는 화장실의 벽에 붙은 타일에서 일정한 규칙을 발견했습니다.

이렇게 4개의 타일이 계속 반복되지!

이렇게 4개를 고르면 반복되는 모양이 달라.

다음 타일을 보고 반복되는 무늬를 찾아 빈 곳을 완성하시오.

노크 포인트

타일을 규칙에 맞게 움직이면서 아름다운 무늬를 만들 수 있습니다.

① 밀기 규칙으로 만든 무늬

② 뒤집기 규칙으로 만든 무늬

③ 돌리기 규칙으로 만든 무늬

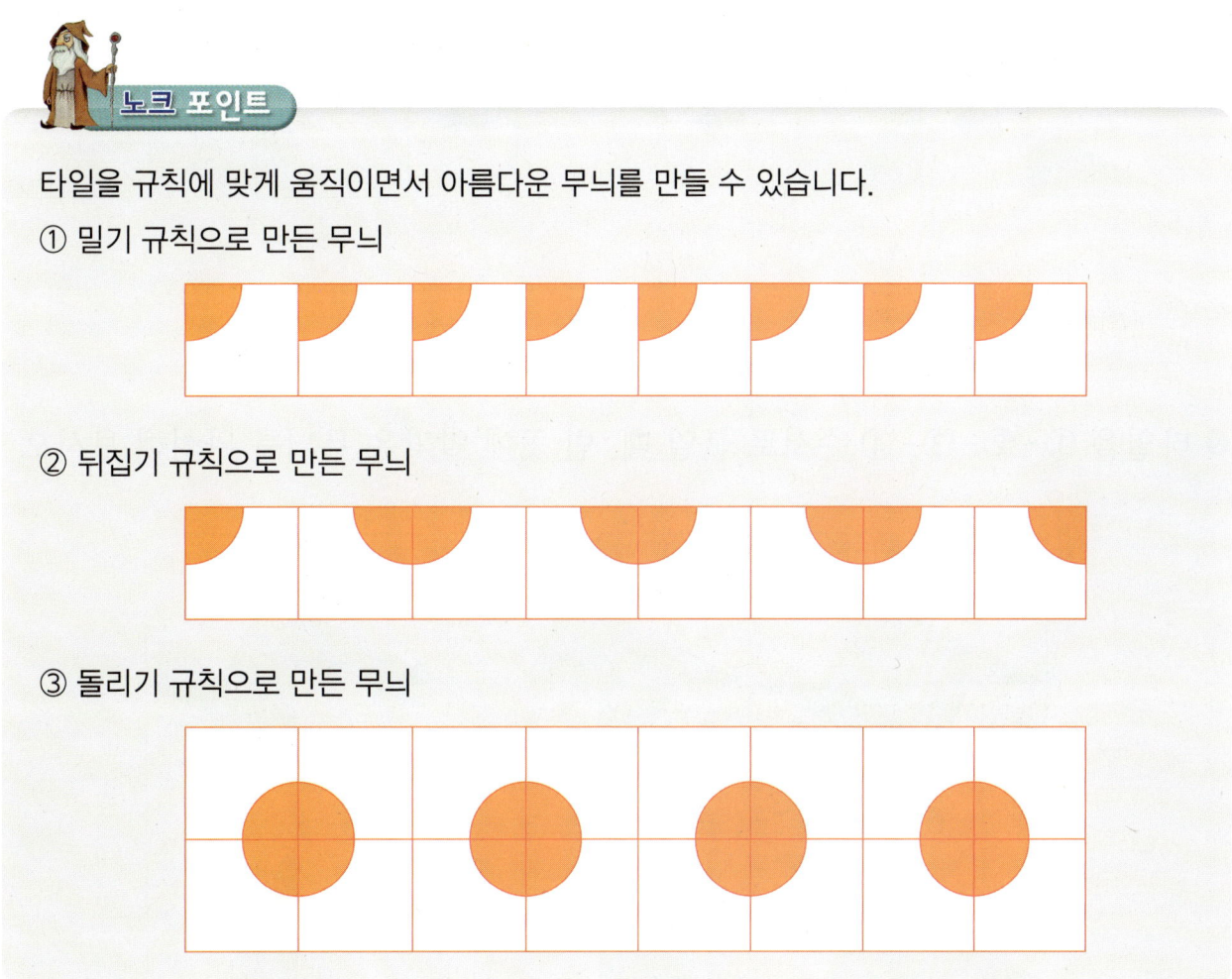

 # 회전 타일링

타일의 무늬에서 규칙을 찾아 빈 곳을 알맞게 채워 보시오.

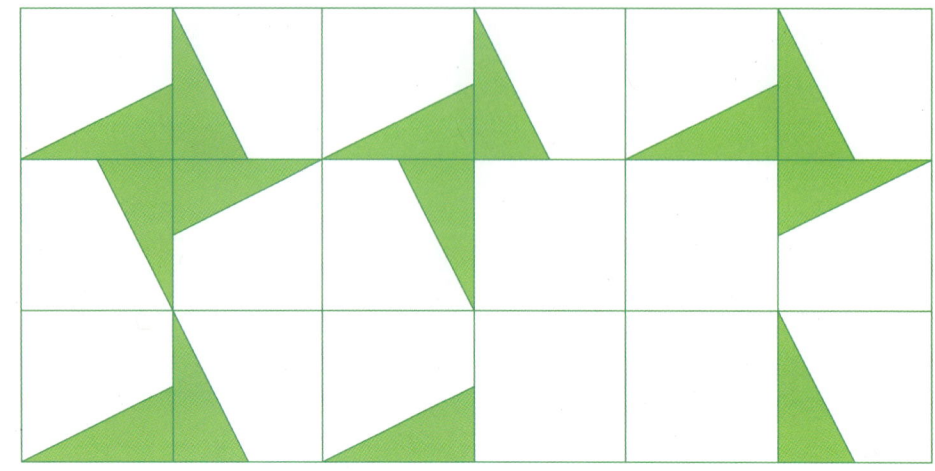

❶ 맨 처음 타일을 시계 방향으로 반의 반 바퀴씩 돌린 무늬를 그려 보시오.

❷ 타일을 ①-②-③-④ 순서로 붙일 때, 빈 곳에 알맞은 무늬를 완성해 보시오.

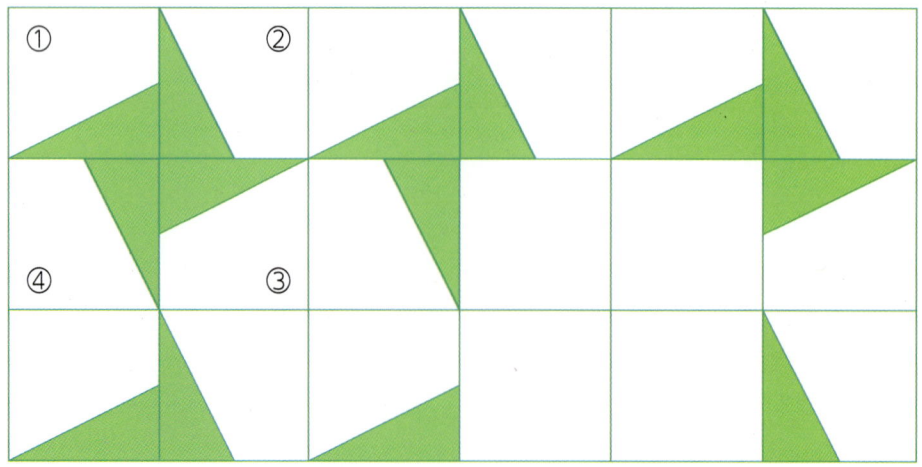

1 일정한 패턴으로 무늬가 반복됩니다. 가 부분에 알맞은 무늬를 고르시오.

[무늬 완성하기]

2 타일의 무늬에서 규칙을 찾아 빈 곳에 알맞은 무늬를 그려 넣으시오.

이것도 몰라!

상하좌우 패턴

타일 무늬에서 규칙을 찾아 빈 곳을 알맞게 완성하시오.

①

②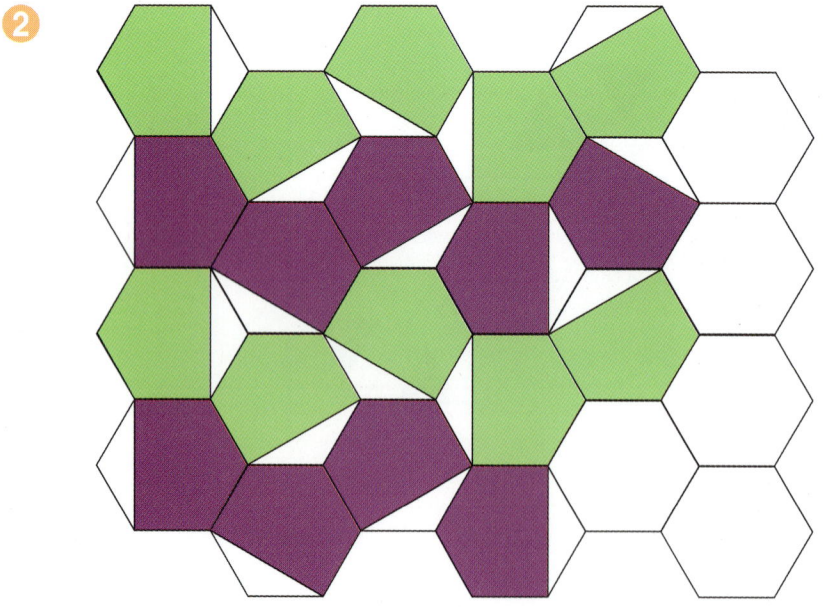

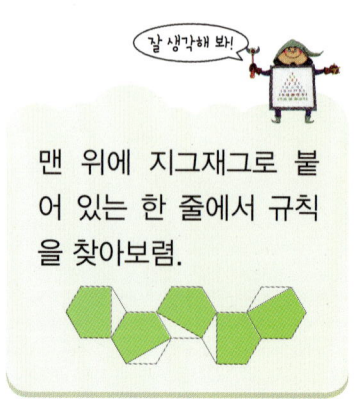

잘 생각해 봐!

맨 위에 지그재그로 붙어 있는 한 줄에서 규칙을 찾아보렴.

1 **잘못 붙인 타일 1개를 찾아 ✕표 하시오.**

[보석 타일]

2 **보석 모양 타일에서 규칙을 찾아 빈 곳을 알맞게 완성하시오.**

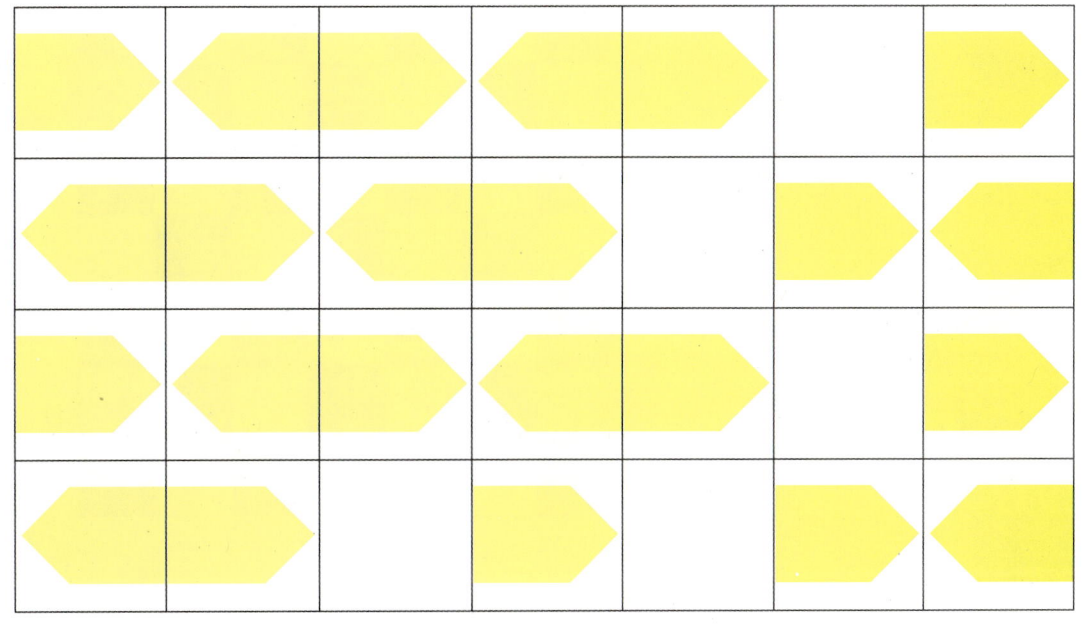

12 모양 덮기

아인이와 태경이는 네 변의 길이가 같은 사각형 2개를 이어 붙여 만든 도미노 여러 개로 체스판 모양을 덮고 있습니다.

여러 개의 도미노로 다음 체스판 모양을 빈틈없이 덮을 수 있는지 알아보시오. 만약 덮을 수 없다면 왜 그런지 이유를 설명해 보시오.

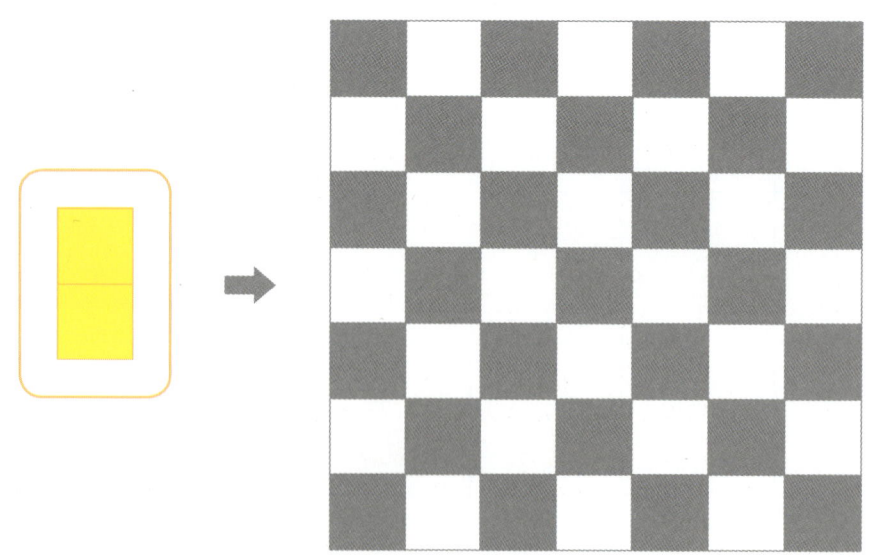

❸ 한 종류의 패턴블록 조각만으로 다음 모양을 빈틈없이 덮으려고 합니다. 필요한 각 조각의 개수를 ☐ 안에 써넣으시오.

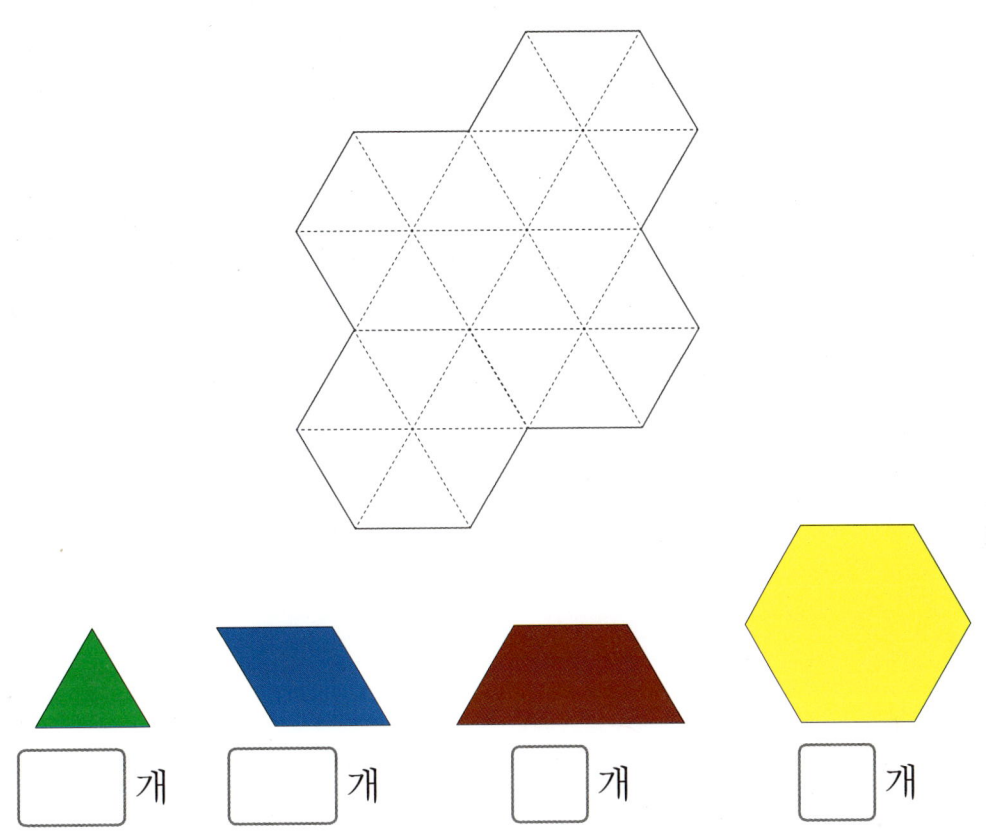

☐ 개   ☐ 개   ☐ 개   ☐ 개

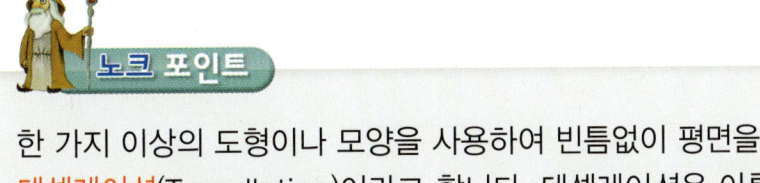

한 가지 이상의 도형이나 모양을 사용하여 빈틈없이 평면을 완전히 덮는 것을 쪽매 맞춤 또는 테셀레이션(Tessellation)이라고 합니다. 테셀레이션은 아름다운 무늬를 만드는 미술 기법의 하나이기도 합니다.

쪽매 맞춤

다음은 네 변의 길이가 같은 사각형으로 평면을 빈틈없이 덮어나가는 모양입니다.

다음은 변의 길이가 모두 같은 삼각형과 육각형입니다. 이 도형을 돌리거나 뒤집어가 며 이어 붙여서 주어진 모양을 빈틈없이 덮어 보시오.

준비물 쪽매 맞춤

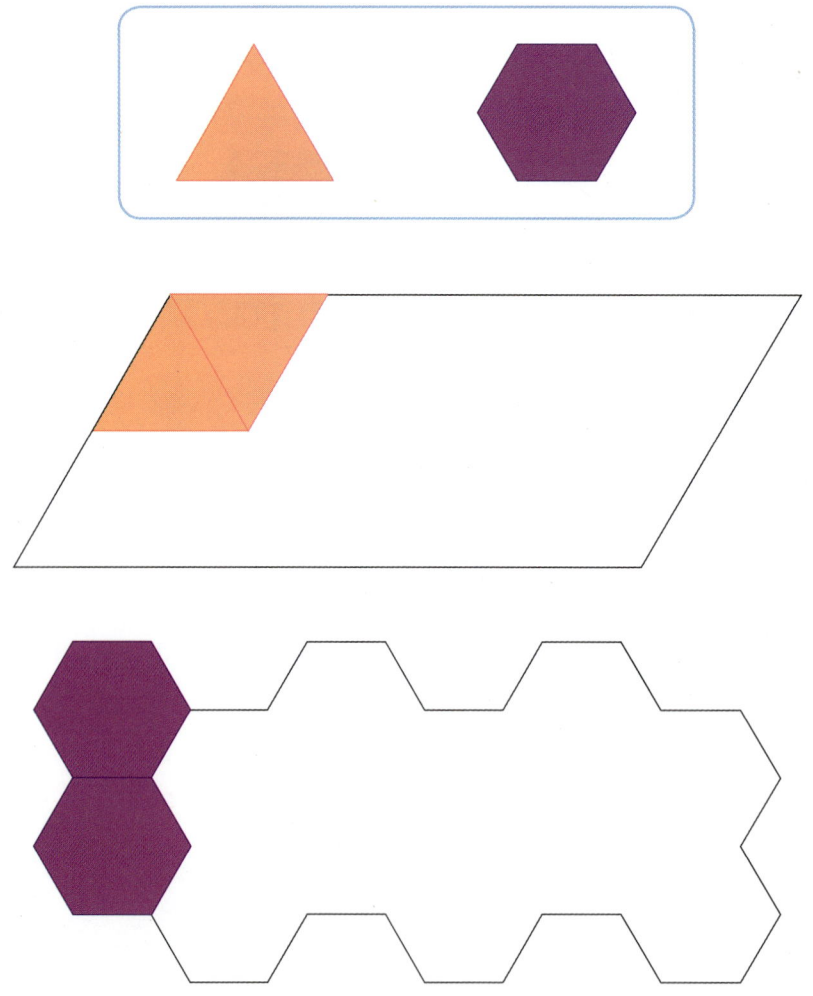

1 주어진 도형으로 오른쪽 모양을 빈틈없이 덮으려고 합니다. 필요한 도형의 개수
를 ☐ 안에 써넣으시오.

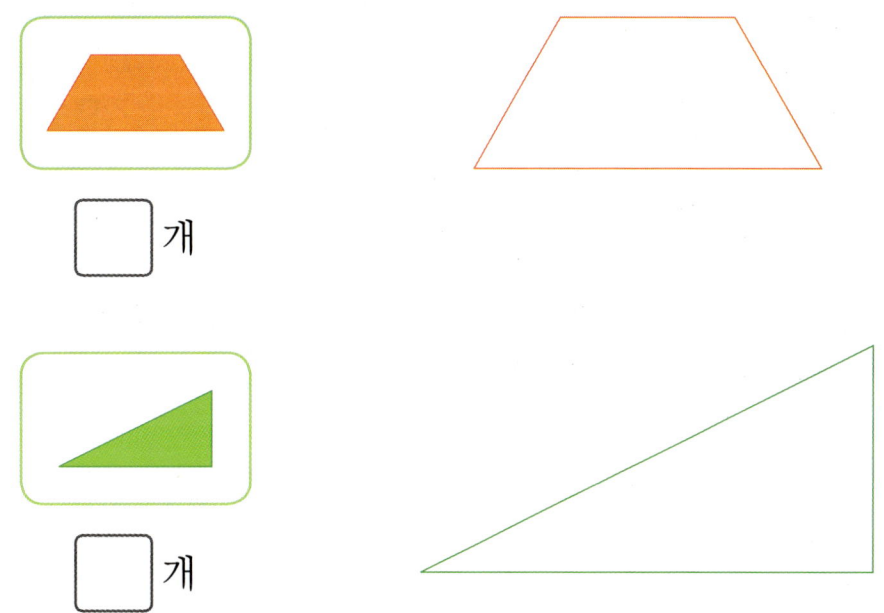

2 주어진 도형으로 오른쪽 모양을 빈틈없이 덮어 보시오.

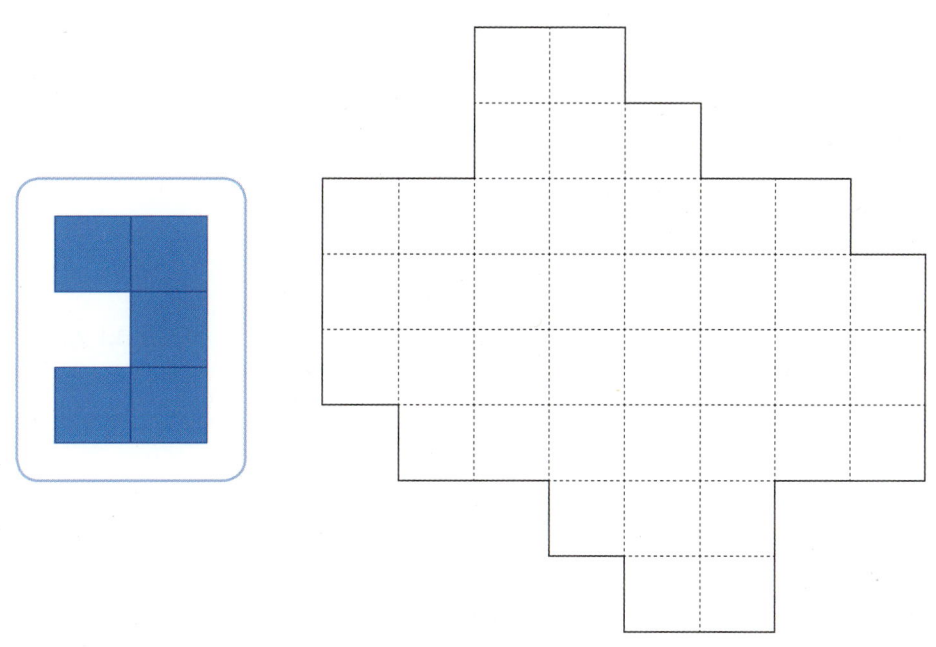

폴리탄 모양 덮기

다음 폴리탄 4조각 중 3조각을 사용하여 오른쪽 모양을 빈틈없이 채워 봅시다.

 준비물 폴리탄

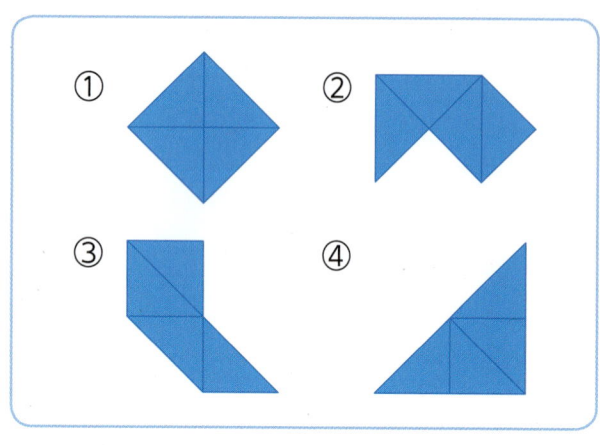

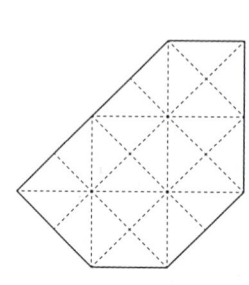

네 변의 길이가 같은 사각형을 비스듬히 잘라 둘로 나누었을 때 나오는 삼각형을 이어 붙여 만든 모양을 폴리탄이라고 해.

❶ ④번 조각으로 모양의 일부를 채우는 방법은 다음과 같이 **3**가지입니다. 빈 곳에 나머지 조각들을 채울 수 있습니까?

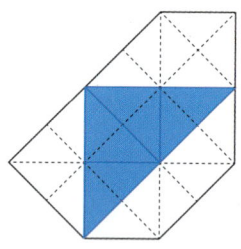

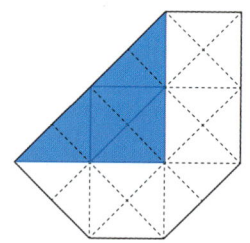

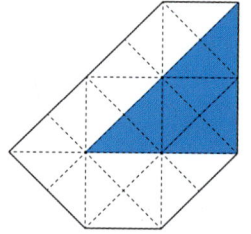

❷ ④번 조각을 뺀 나머지 **3**조각으로 모양을 빈틈없이 채워 보시오.

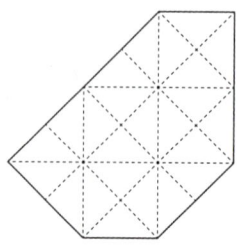

[필요없는 조각]

1 다음 모양을 만드는 데 필요없는 조각을 골라 ✕표 하시오.

준비물 폴리탄

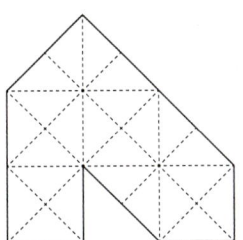

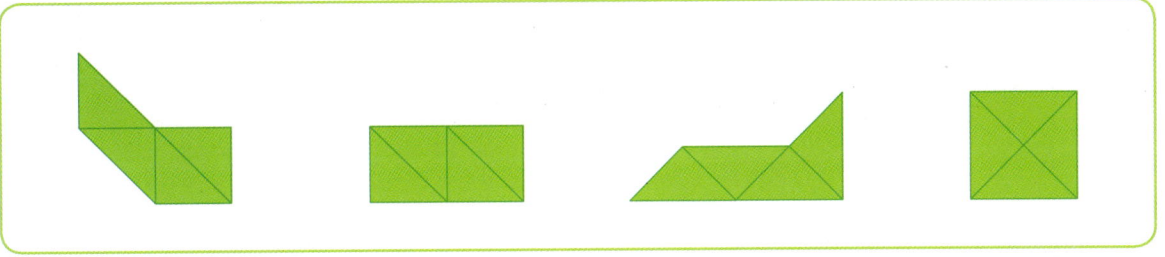

[잠수함 만들기]

2 주어진 폴리탄 조각을 모두 사용하여 잠수함 모양을 만들었습니다. 만든 모양을 선으로 나타내어 보시오.

준비물 폴리탄

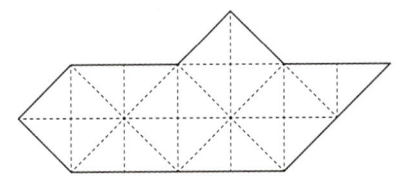

잘 생각해 봐!

창의적 문제해결력

1 다음은 변의 길이가 모두 같은 육각형 모양으로 만든 벌집입니다. 돌리거나 뒤집었을 때 다른 모양 하나를 찾아 ✕표 하시오.

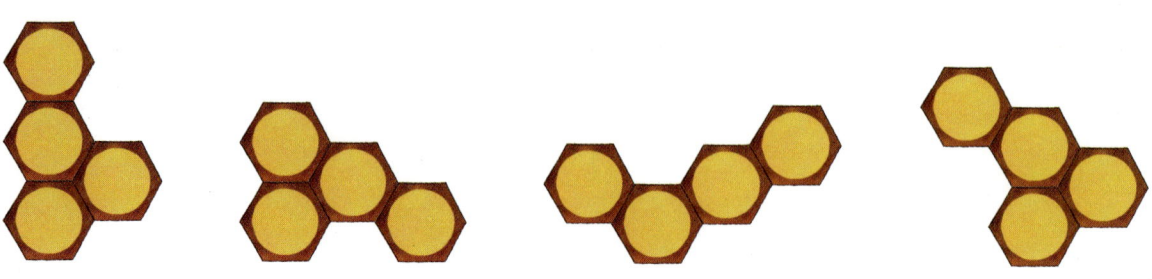

2 다음 모양을 똑같은 테트라미노 2개로 나누는 방법을 모두 찾아 그려 보시오.

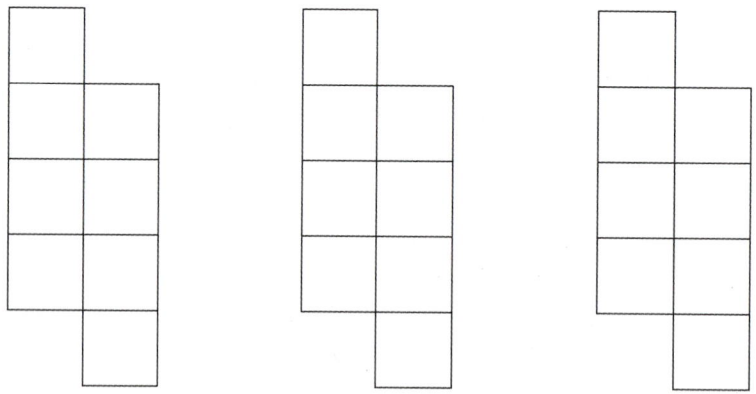

3 타일 무늬의 규칙을 찾아 빈 곳에 알맞은 무늬를 그려 넣으시오.

4 주어진 폴리탄 조각을 모두 사용하여 만든 모양입니다. 만든 모양을 선으로 나타내어 보시오.

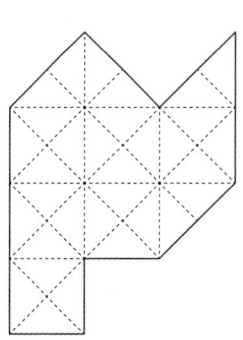

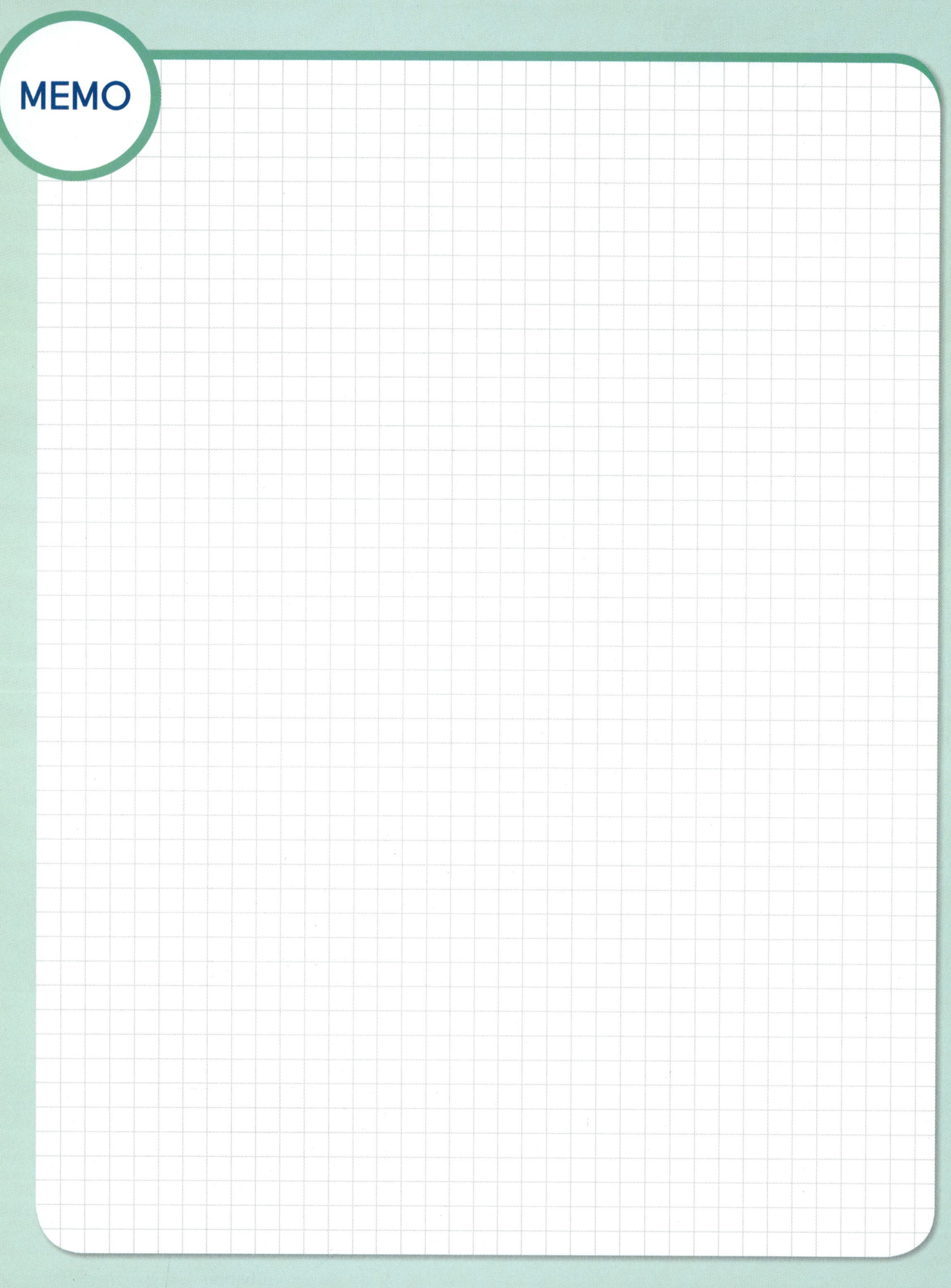

MEMO

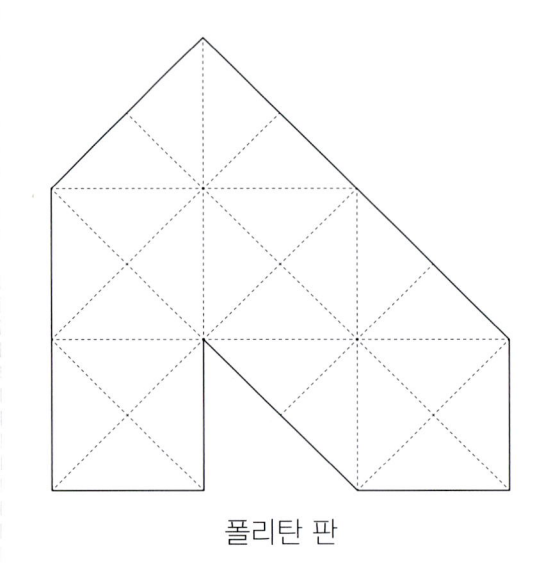

폴리탄 판

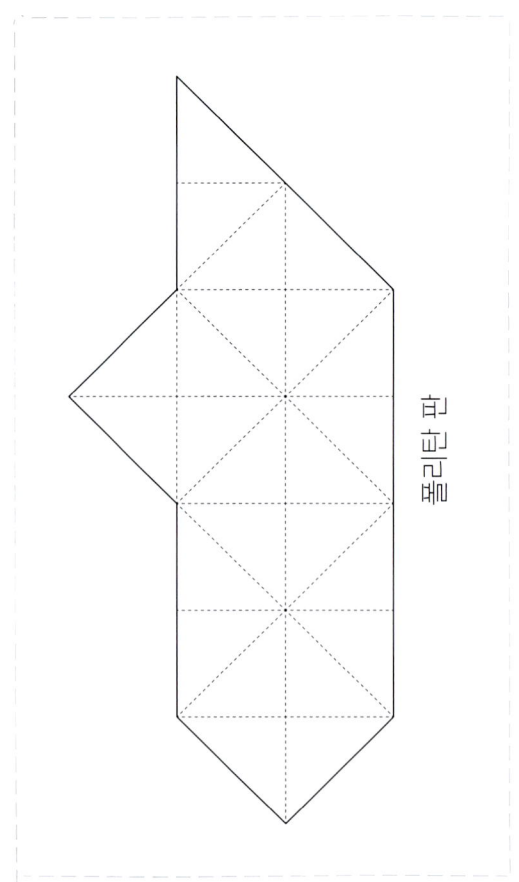

폴리탄 판

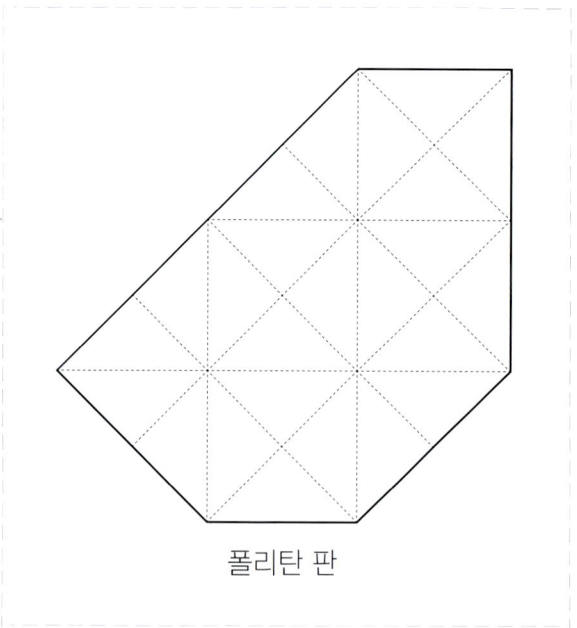

폴리탄 판

준비물 쪽매 맞춤

준비물 쪽매 맞춤

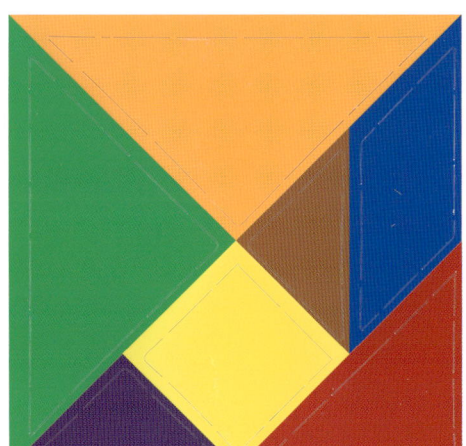

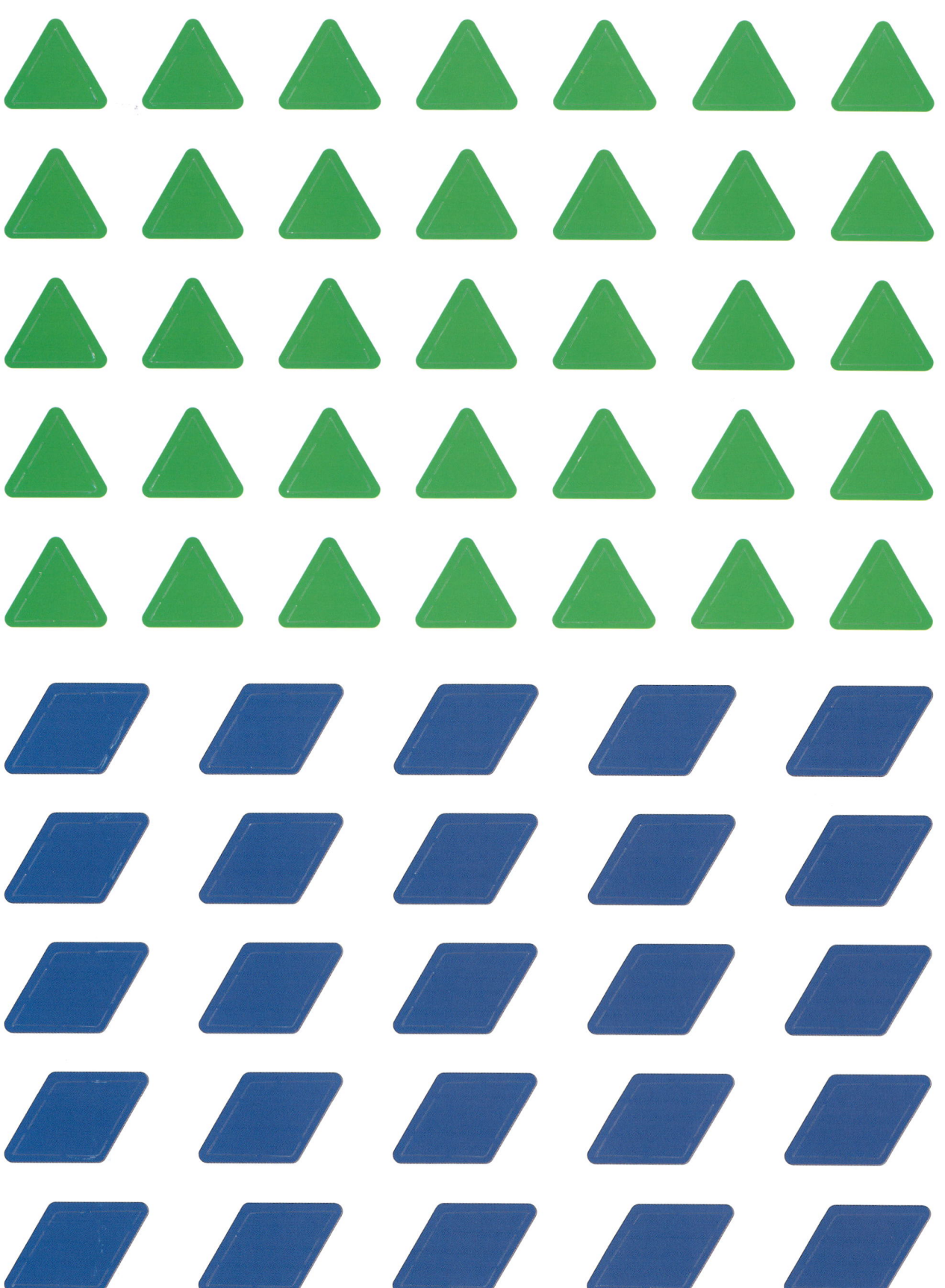

정답및 해설

평면
도형

B3
(9~10세)

누구나 쉽고 재미있게
사고력
수학

노크

MEMO

MEMO

MEMO

폴리탄 모양 덮기

다음 폴리탄 4조각 중 3조각을 사용하여 오른쪽 모양을 빈틈없이 채워 봅시다.

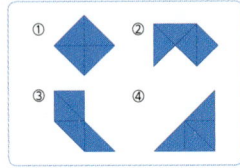

네 변의 길이가 같은 사각형을 비스듬히 잘라 둘로 나누었을 때 나오는 삼각형을 이어 붙여 만든 모양을 폴리탄이라고 해.

❶ ④번 조각으로 모양의 일부를 채우는 방법은 다음과 같이 3가지입니다. 빈 곳에 나머지 조각들을 채울 수 있습니까? 없습니다.

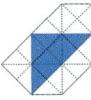  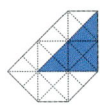

❷ ④번 조각을 뺀 나머지 3조각으로 모양을 빈틈없이 채워 보시오.

[필요없는 조각]

1 다음 모양을 만드는 데 필요없는 조각을 골라 ✕표 하시오.

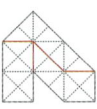

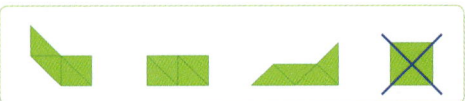

[잠수함 만들기]

2 주어진 폴리탄 조각을 모두 사용하여 잠수함 모양을 만들었습니다. 만든 모양을 선으로 나타내어 보시오.

 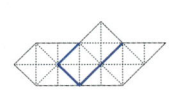

창의적 문제해결력

1 다음은 변의 길이가 모두 같은 육각형 모양으로 만든 벌집입니다. 돌리거나 뒤집었을 때 다른 모양 하나를 찾아 ✕표 하시오.

 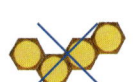

2 다음 모양을 똑같은 테트라미노 2개로 나누는 방법을 모두 찾아 그려 보시오.

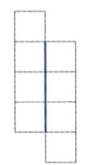 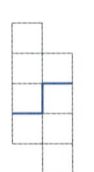 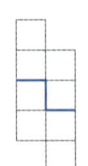

📹 동영상 특강
QR 코드를 찍어 보세요!!!

3 타일 무늬의 규칙을 찾아 빈 곳에 알맞은 무늬를 그려 넣으시오.

4 주어진 폴리탄 조각을 모두 사용하여 만든 모양입니다. 만든 모양을 선으로 나타내어 보시오.

 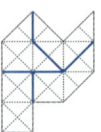

정답 및 해설 **21**

⑫ 모양 덮기

아인이와 태경이는 네 변의 길이가 같은 사각형 2개를 이어 붙여 만든 도미노 여러 개로 체스판 모양을 덮고 있습니다.

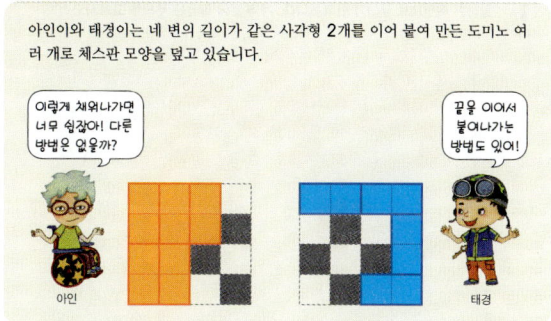

이렇게 채워나가면 너무 쉽잖아! 다른 방법은 없을까?

아인

끝을 이어서 붙여나가는 방법도 있어!

태경

여러 개의 도미노로 다음 체스판 모양을 빈틈없이 덮을 수 있는지 알아보시오. 만약 덮을 수 없다면 왜 그런지 이유를 설명해 보시오.

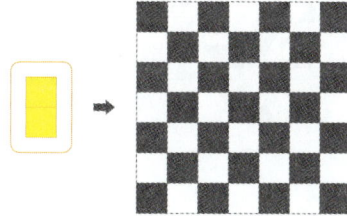

도미노는 사각형 2개로 이루어져 있으므로 사각형이 짝수 개인 판만 빈틈없이 덮을 수 있습니다. 이 체스판은 사각형이 49개로 홀수 개이므로 덮을 수 없습니다.

한 종류의 패턴블록 조각만으로 다음 모양을 빈틈없이 덮으려고 합니다. 필요한 각 조각의 개수를 □ 안에 써넣으시오.

24 개   12 개   8 개   4 개

📖 포인트

한 가지 이상의 도형이나 모양을 사용하여 빈틈없이 평면을 완전히 덮는 것을 **쪽매 맞춤** 또는 **테셀레이션**(Tessellation)이라고 합니다. 테셀레이션은 아름다운 무늬를 만드는 미술 기법의 하나이기도 합니다.

🛡 쪽매 맞춤

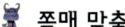

다음은 네 변의 길이가 같은 사각형으로 평면을 빈틈없이 덮어나가는 모양입니다.

다음은 변의 길이가 모두 같은 삼각형과 육각형입니다. 이 도형을 돌리거나 뒤집어가며 이어 붙여서 주어진 모양을 빈틈없이 덮어 보시오. 🔵 준비물 쪽매 맞춤

[모양 덮기]

1 주어진 도형으로 오른쪽 모양을 빈틈없이 덮으려고 합니다. 필요한 도형의 개수를 □ 안에 써넣으시오.

4 개

9 개

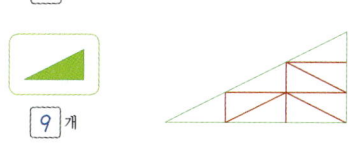

[펜토미노 테셀레이션]

2 주어진 도형으로 오른쪽 모양을 빈틈없이 덮어 보시오.

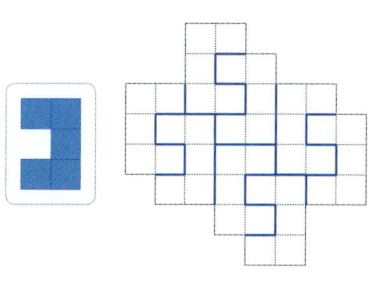

---

20   B3 평면도형

회전 타일링

타일의 무늬에서 규칙을 찾아 빈 곳을 알맞게 채워 보시오.

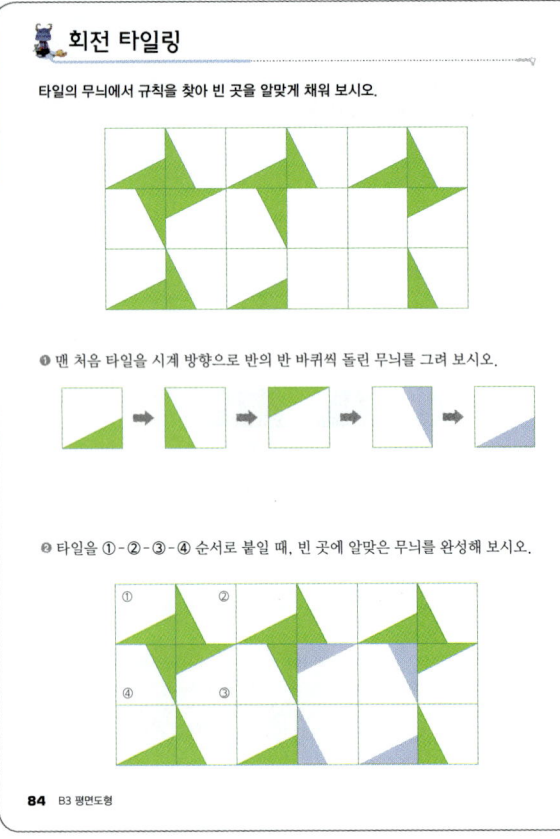

❶ 맨 처음 타일을 시계 방향으로 반의 반 바퀴씩 돌린 무늬를 그려 보시오.

❷ 타일을 ①-②-③-④ 순서로 붙일 때, 빈 곳에 알맞은 무늬를 완성해 보시오.

[알맞은 타일 찾기]
1 일정한 패턴으로 무늬가 반복됩니다. 가 부분에 알맞은 무늬를 고르시오. ①

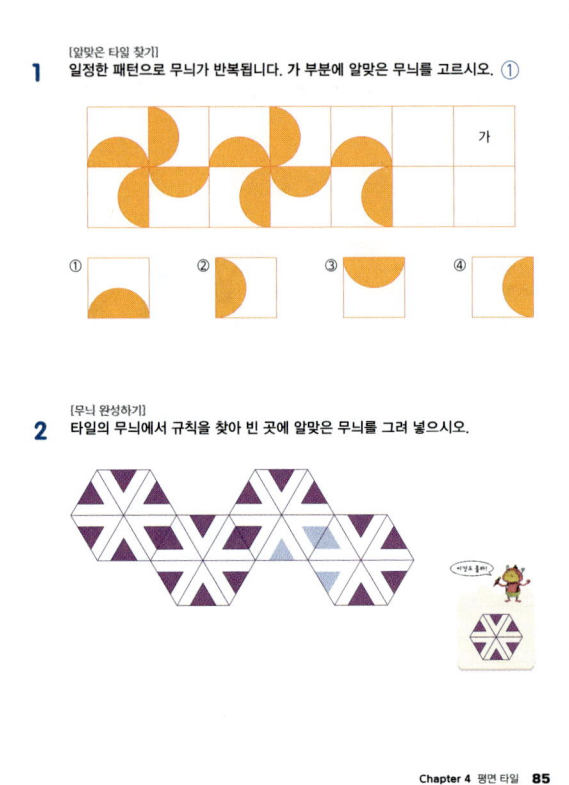

[무늬 완성하기]
2 타일의 무늬에서 규칙을 찾아 빈 곳에 알맞은 무늬를 그려 넣으시오.

상하좌우 패턴

타일 무늬에서 규칙을 찾아 빈 곳을 알맞게 완성하시오.

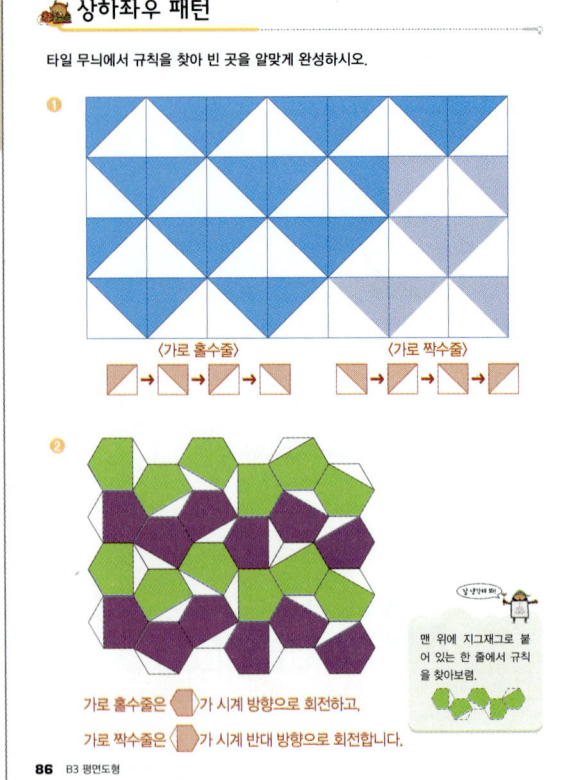

❶

〈가로 홀수줄〉   〈가로 짝수줄〉

❷

맨 위에 지그재그로 붙어 있는 한 줄에서 규칙을 찾아보렴.

가로 홀수줄은 ▱가 시계 방향으로 회전하고,
가로 짝수줄은 ▱가 시계 반대 방향으로 회전합니다.

[잘못 붙인 타일]
1 잘못 붙인 타일 1개를 찾아 ✕표 하시오.

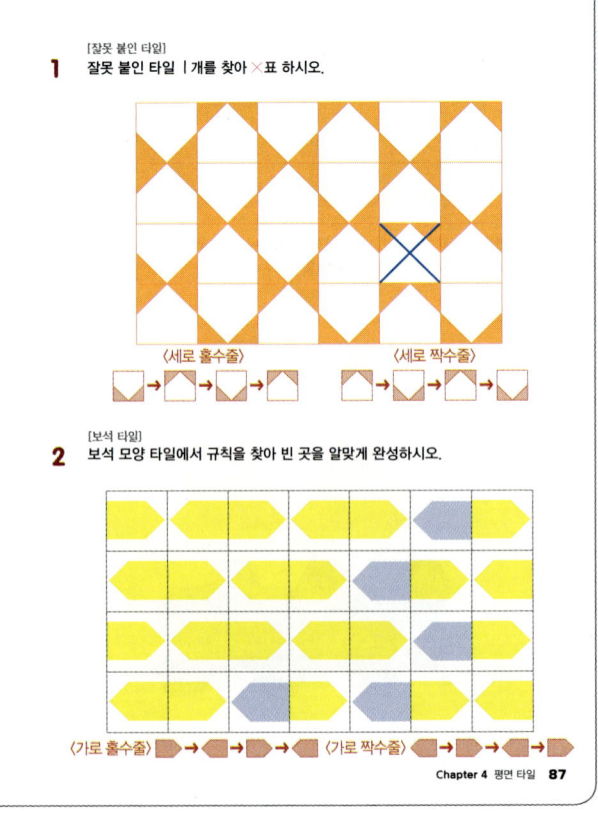

〈세로 홀수줄〉   〈세로 짝수줄〉

[보석 타일]
2 보석 모양 타일에서 규칙을 찾아 빈 곳을 알맞게 완성하시오.

〈가로 홀수줄〉 → → →   〈가로 짝수줄〉 → → →

삼각형 붙이기

세 변의 길이가 같은 삼각형을 변끼리 이어 붙여 만든 모양을 폴리아몬드라고 합니다.
여러 가지 폴리아몬드 중 모양이 같은 것끼리 선으로 이으시오.

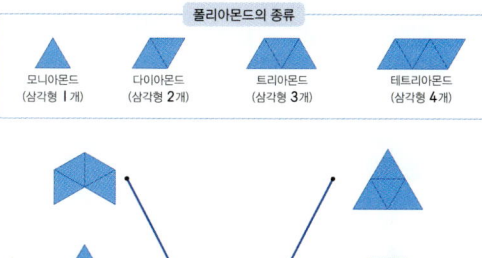

폴리아몬드의 종류

모니아몬드	다이아몬드	트라이아몬드	테트라아몬드
(삼각형 1개)	(삼각형 2개)	(삼각형 3개)	(삼각형 4개)

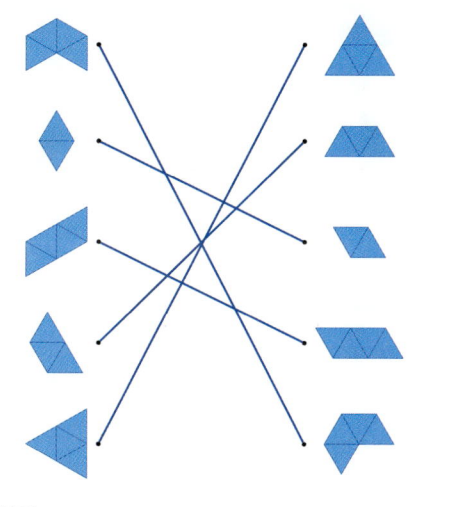

1 [모양 덮기]
주어진 테트리아몬드 조각을 여러 개 사용하여 오른쪽 모양을 덮으려고 합니다.
어떻게 덮어야 하는지 그려 보시오.

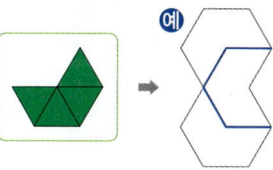

2 [폴리탄]
네 변의 길이가 같은 사각형을 다음과 같이 자르면 삼각형 2개가 됩니다. 이 삼각형 2개를 길이가 같은 변끼리 이어 붙여 만들 수 있는 서로 다른 모양을 모두 그려 보시오.

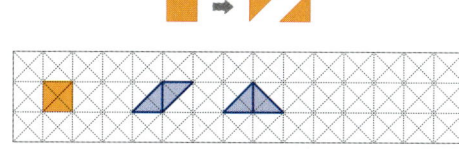

돌리거나 뒤집어서 같은 모양은 한 가지로 생각해야 해.

11 패턴 무늬

초이는 화장실의 벽에 붙은 타일에서 일정한 규칙을 발견했습니다.

이렇게 4개의 타일이 계속 반복되지!

이렇게 4개를 고르면 반복되는 모양이 달라.

다음 타일을 보고 반복되는 무늬를 찾아 빈 곳을 완성하시오.

규칙을 찾아 빈 곳에 알맞은 무늬를 그려 보시오.

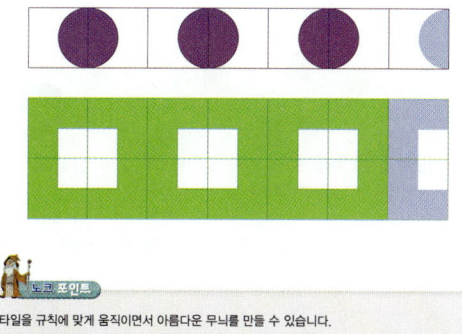

노크 포인트
타일을 규칙에 맞게 움직이면서 아름다운 무늬를 만들 수 있습니다.
① 밀기 규칙으로 만든 무늬
② 뒤집기 규칙으로 만든 무늬
③ 돌리기 규칙으로 만든 무늬

10 도형 붙이기

어머니가 놓고 가신 휴대 전화에서 전화벨이 울렸습니다.

거꾸로 요괴가 휴대 전화를 돌리고, 뒤집었습니다. 어머니의 암호 패턴을 찾아 색칠하여 보시오.

○ 다음 중 돌리거나 뒤집었을 때 다른 모양 하나를 찾아 ✕표 하시오.

도형에서 길이가 같은 변끼리 붙여서 새로운 모양을 만드는 것을 **도형 붙이기**라고 합니다. 도형을 붙일 때는 다음과 같은 규칙을 따라야 합니다.

(✕) 도형끼리 겹치면 안 됩니다.　(✕) 길이가 다른 변끼리 붙일 수 없습니다.　(✕) 변끼리 붙일 때 남는 부분이 없어야 합니다.　한 가지 모양 돌리거나 뒤집어서 같은 모양은 한 가지로 봅니다.

🔹 사각형 붙이기

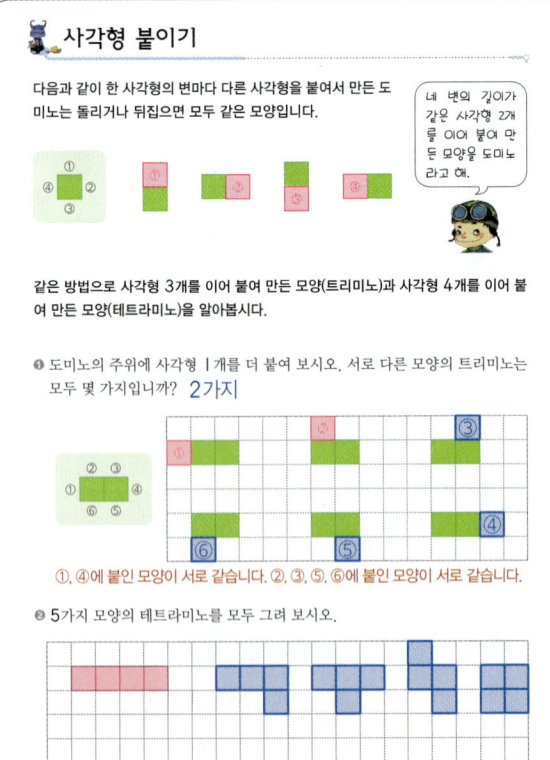

다음과 같이 한 사각형의 변마다 다른 사각형을 붙여서 만든 도미노는 돌리거나 뒤집으면 모두 같은 모양입니다.

네 변의 길이가 같은 사각형 2개를 이어 붙여 만든 모양을 도미노라고 해.

같은 방법으로 사각형 3개를 이어 붙여 만든 모양(트리미노)과 사각형 4개를 이어 붙여 만든 모양(테트라미노)을 알아봅시다.

❶ 도미노의 주위에 사각형 1개를 더 붙여 보시오. 서로 다른 모양의 트리미노는 모두 몇 가지입니까? **2가지**

①, ④에 붙인 모양이 서로 같습니다. ②, ③, ⑤, ⑥에 붙인 모양이 서로 같습니다.

❷ 5가지 모양의 테트라미노를 모두 그려 보시오.

[테트라미노]

1 다음은 5가지 테트라미노를 이어 붙여 뱀을 만든 것입니다. 만든 방법을 선으로 나타내어 보시오.

꼬리 부분에 들어갈 수 있는 모양은 'ㄱ'자 모양 밖에 없어.

[펜토미노 만들기]

2 네 변의 길이가 같은 사각형 5개를 이어 붙여 만든 모양을 펜토미노라고 합니다. 오른쪽 테트라미노 모양에 사각형 1개를 더 붙여 보시오. 이 테트라미노 모양을 이용하여 만들 수 있는 서로 다른 모양의 펜토미노는 모두 몇 가지입니까? **4가지**

돌리거나 뒤집었을 때 같은 모양이면 같은 종류로 생각해야 해.

①, ⑤에 붙인 모양이 서로 같습니다.　②, ⑥에 붙인 모양이 서로 같습니다.
③, ⑦에 붙인 모양이 서로 같습니다.　④, ⑧에 붙인 모양이 서로 같습니다.

🐿 점 종이 위의 사각형

다음 점 종이 위에 4개의 점을 꼭짓점으로 하여 그릴 수 있는 사각형의 개수를 구해 봅시다.

❶ 점 종이 위에 서로 다른 사각형의 종류를 모두 그리시오.

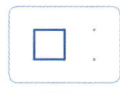

2 개

2 개

삐딱하게 생긴 사각형도 생각해야지!

4 개

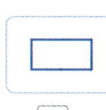

1 개

❷ ❶에서 찾은 사각형을 종류별로 몇 개씩 그릴 수 있는지 □ 안에 써넣으시오.

❸ 그릴 수 있는 사각형의 개수를 쓰시오. 9개

[네 변의 길이가 같은 사각형]

1 다음 점 종이 위에 4개의 점을 꼭짓점으로 하여 네 변의 길이가 모두 같은 사각형을 그리려고 합니다. 그릴 수 있는 사각형의 개수를 쓰시오. 10개

뾰족하게 서 있는 사각형도 생각해야 해.

□6개, ⬦2개, ◇2개 → 6+2+2=10(개)

[한 변이 주어진 사각형]

2 다음 점 종이 위에 4개의 점을 꼭짓점으로 하는 사각형을 그리려고 합니다. 주어진 선분을 한 변으로 하는 사각형의 개수를 쓰시오. 5개

이 사각형처럼 볼록하지 않은 사각형은 생각하지 말자.

◺2개, ▱1개, △2개 → 2+1+2=5(개)

🎀 창의적 문제해결력

1 색종이를 반으로 접은 다음 선을 따라 잘랐습니다. 색종이를 펼쳤을 때 나오는 도형의 종류와 개수를 구하시오.
사각형 1개, 삼각형 2개, 오각형 1개

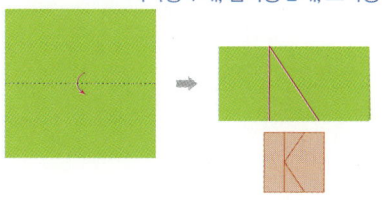

2 다음 도형에서 찾을 수 있는 크고 작은 사각형의 개수를 구하시오. 14개

한 칸짜리 사각형은 6개군.

네 칸짜리 사각형은 1개야.

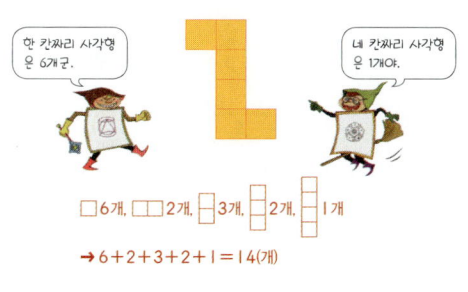

□6개, ▭2개, ▢3개, ▢2개, ▢1개
→ 6+2+3+2+1=14(개)

📹 동영상 특강
QR 코드를 찍어 보세요!!

3 다음 점 종이 위에 4개의 점을 꼭짓점으로 하는 사각형을 그리려고 합니다. 주어진 선분을 한 변으로 하는 사각형은 모두 몇 개인지 구하시오. 4개

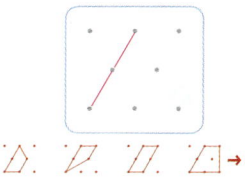

◿ ▱ ▱ ▱ →4개

4 다음 도형에서 찾을 수 있는 크고 작은 삼각형의 개수를 구하시오. 10개

너무 쉽잖아. 3칸짜리 삼각형도 없잖아.

1칸짜리: 6개
2칸짜리: 4개
→ 6+4=10(개)

9 점 종이와 도형

66
67

대마법사 멀린이 피타고라스 요정에게 삼각형 모양 마법진을 만들라고 하였습니다.

주어진 점 중에서 4개의 점을 꼭짓점으로 하는 사각형을 모두 그리시오.

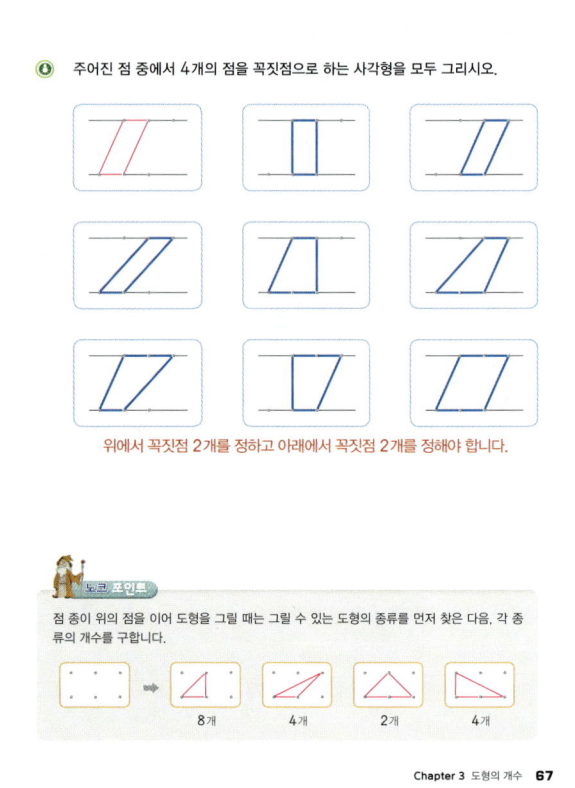

위에서 꼭짓점 2개를 정하고 아래에서 꼭짓점 2개를 정해야 합니다.

점 종이 위의 점을 이어 도형을 그릴 때는 그릴 수 있는 도형의 종류를 먼저 찾은 다음, 각 종류의 개수를 구합니다.

점 종이 위의 삼각형

68
69

점 종이 위에 3개의 점을 꼭짓점으로 하여 세 변의 길이가 같은 삼각형을 그리려고 합니다. 그릴 수 있는 삼각형의 개수를 구해 봅시다.

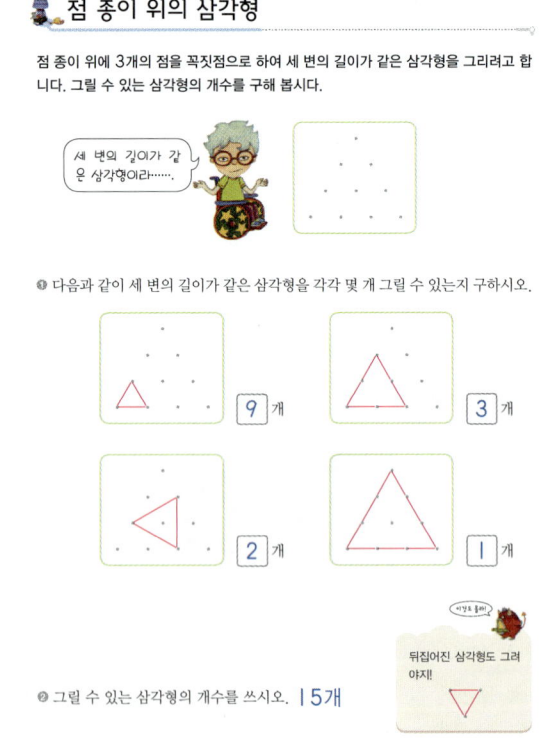

① 다음과 같이 세 변의 길이가 같은 삼각형을 각각 몇 개 그릴 수 있는지 구하시오.

② 그릴 수 있는 삼각형의 개수를 쓰시오. 15개

[점 종이 위의 삼각형]

1 다음은 점 종이 위에 그릴 수 있는 삼각형의 종류입니다. 각 종류별 삼각형의 개수를 □ 안에 써넣으시오.

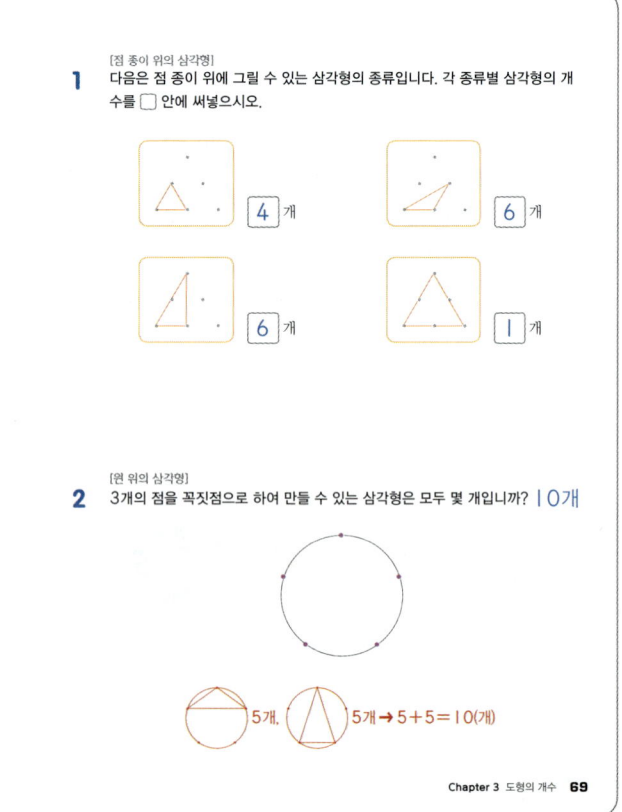

[원 위의 삼각형]

2 3개의 점을 꼭짓점으로 하여 만들 수 있는 삼각형은 모두 몇 개입니까? 10개

정답 및 해설 **15**

🛡 삼각형의 개수

다음 도형에서 찾을 수 있는 크고 작은 삼각형의 개수를 구하시오.

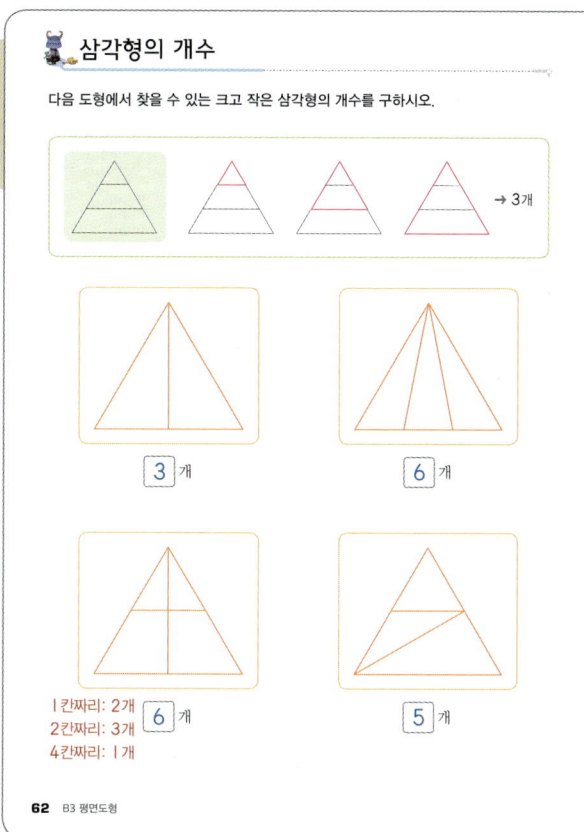

3 개 6 개

1칸짜리: 2개
2칸짜리: 3개 6 개 5 개
4칸짜리: 1개

[삼각형 만들기]

1 보기와 같이 도형 위에 여러 가지 방법으로 곧은 선 2개를 그어 보시오. 또 선을 그었을 때 생기는 크고 작은 삼각형의 개수를 구하시오.

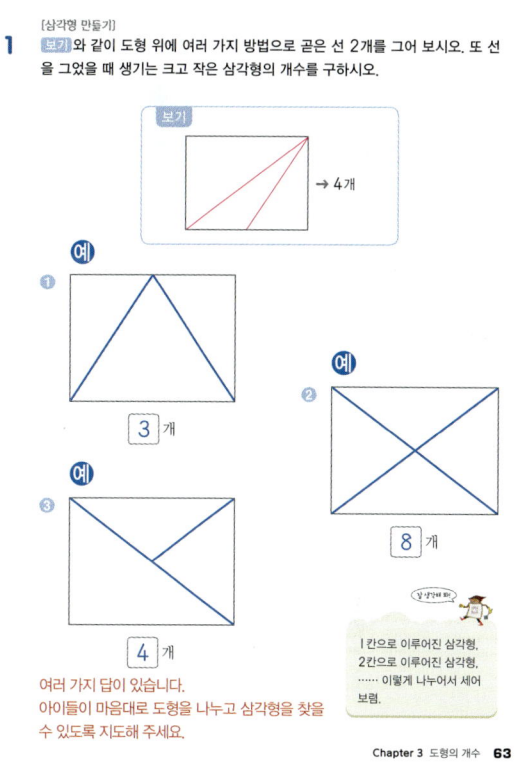

보기 → 4개

예 ❶ 3 개

예 ❷ 8 개

예 ❸ 4 개

여러 가지 답이 있습니다.
아이들이 마음대로 도형을 나누고 삼각형을 찾을
수 있도록 지도해 주세요.

> 1칸으로 이루어진 삼각형,
> 2칸으로 이루어진 삼각형,
> …… 이렇게 나누어서 세어
> 보렴.

🛡 사각형의 개수

다음 도형에서 찾을 수 있는 크고 작은 사각형의 개수를 구해 봅시다.

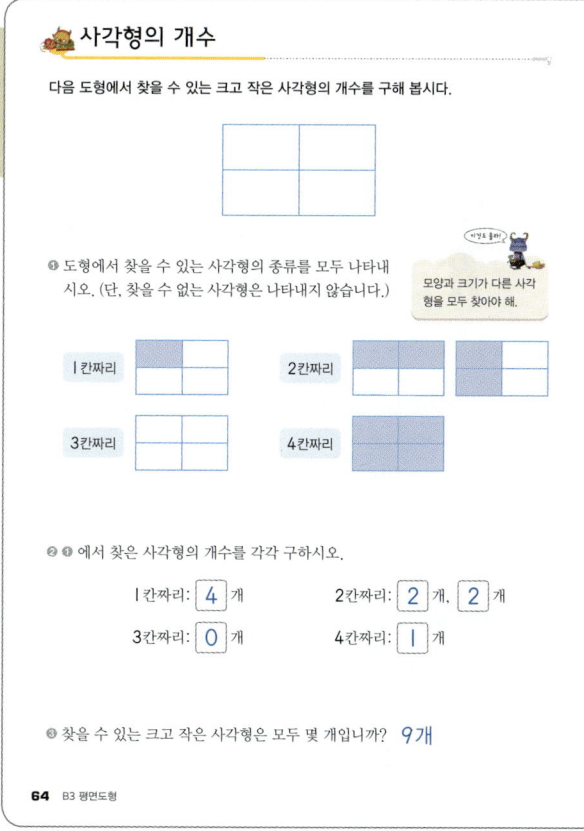

❶ 도형에서 찾을 수 있는 사각형의 종류를 모두 나타내시오. (단, 찾을 수 없는 사각형은 나타내지 않습니다.)

> 모양과 크기가 다른 사각형을 모두 찾아야 해.

1칸짜리   2칸짜리

3칸짜리   4칸짜리

❷ ❶ 에서 찾은 사각형의 개수를 각각 구하시오.

1칸짜리 4 개   2칸짜리 2 개, 2 개

3칸짜리 0 개   4칸짜리 1 개

❸ 찾을 수 있는 크고 작은 사각형은 모두 몇 개입니까? 9개

[사각형의 개수]

1 다음 도형에서 찾을 수 있는 크고 작은 사각형의 개수를 구하시오. 15개

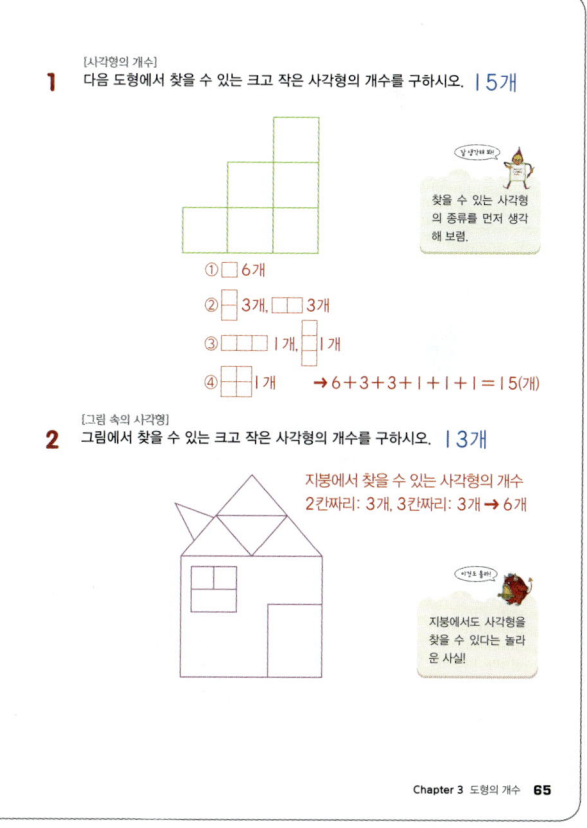

> 찾을 수 있는 사각형의 종류를 먼저 생각해 보렴.

① □ 6개
② ▭ 3개, ▯ 3개
③ ▭ 1개, ▯ 1개
④ ▭ 1개 → 6+3+3+1+1+1=15(개)

[그림 속의 사각형]

2 그림에서 찾을 수 있는 크고 작은 사각형의 개수를 구하시오. 13개

지붕에서 찾을 수 있는 사각형의 개수
2칸짜리: 3개, 3칸짜리: 3개 → 6개

> 지붕에서도 사각형을 찾을 수 있다는 놀라운 사실!

14   B3 평면도형

58
59

 도형 만들기

태경이는 곧은 선 2개를 그어 삼각형 2개와 사각형 1개로 나누었습니다.

> 두 점을 이은 선으로 도형을 나누는 거야.

태경이와 같은 방법으로 다음 도형 위에 2개의 선을 그어 여러 가지 다각형으로 나누어 보시오. 또 나눈 다각형의 이름과 개수를 쓰시오.

여러 가지 답이 있습니다.

예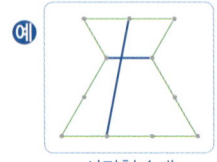

사각형 4개

삼각형 3개

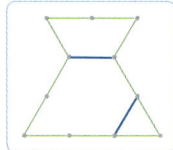

사각형 3개

삼각형 1개
사각형 1개
오각형 1개

58 B3 평면도형

[도형 만들기]

1 점을 이어 주어진 도형을 만들어 보시오. (단, 도형끼리 겹치지 않도록 그립니다.)

❶ 예

삼각형 2개, 사각형 1개

❷ 예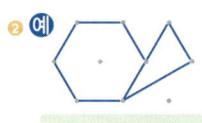

삼각형 1개, 육각형 1개

여러 가지 답이 있습니다.

[선 그어 도형 나누기]

2 두 점을 잇는 곧은 선을 여러 개 그어 주어진 도형으로 나누어 보시오.

예

삼각형 3개
사각형 1개
오각형 1개

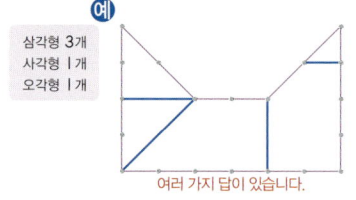

여러 가지 답이 있습니다.

> 선을 그으면서 나누어지는 모양을 잘 보렴.

Chapter 3 도형의 개수 59

---

8 **도형의 개수**

60
61

대마법사 멀린은 다음과 같은 마법진을 그렸습니다. 별 모양의 마법진은 마법의 기운을 더욱 강하게 만들어 줄 수 있습니다.

> 마법진이여, 나타나라!!

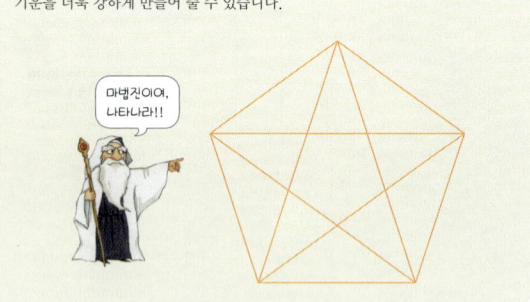

마법진에서 서로 다른 모양의 삼각형을 모두 찾아보시오.

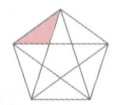  

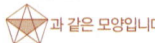과 같은 모양입니다.

60 B3 평면도형

다음 모양에서 선을 따라 그릴 수 있는 크고 작은 사각형의 개수를 구해 봅시다.

> 사각형은 4개잖아.

> 잘린 사각형이 아니라 선을 따라 그릴 수 있는 사각형이야. 그러니까 여러 칸으로 된 사각형도 세야 해.

● 1칸으로 이루어진 사각형의 개수를 구하시오. 4개

● 2칸으로 이루어진 사각형의 개수를 구하시오. 2개

● 4칸으로 이루어진 사각형의 개수를 구하시오. 1개

● 그릴 수 있는 사각형은 모두 몇 개입니까? 7개

🐧 **노크 포인트**

다음 도형에서 크고 작은 사각형을 찾을 수 있습니다.

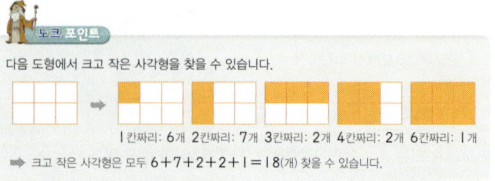

1칸짜리: 6개 2칸짜리: 7개 3칸짜리: 2개 4칸짜리: 2개 6칸짜리: 1개

➡ 크고 작은 사각형은 모두 6+7+2+2+1=18(개) 찾을 수 있습니다.

Chapter 3 도형의 개수 61

정답 및 해설 **13**

도형의 개수

7 잘린 도형의 개수

지오는 지옥문을 통과하여 집으로 돌아가려고 합니다. 지옥문을 통과하기 위해서는 문에 그려진 도형에 2개의 선을 그어 삼각형 2개와 사각형 2개로 나누어야 합니다. 도형에 선을 그어 나타내시오.

예

이 문제를 해결하지 못한다면 평생 지옥에 있으리라.

대마왕

집에 빨리 가고 싶은데……. 어떻게 나누어야 하는 거지?

지오

나랑 같이 지옥에 있겠구나. 환영해.

○ 다음 도형에 선 1개를 그어 2개의 삼각형으로 나누어 보시오.

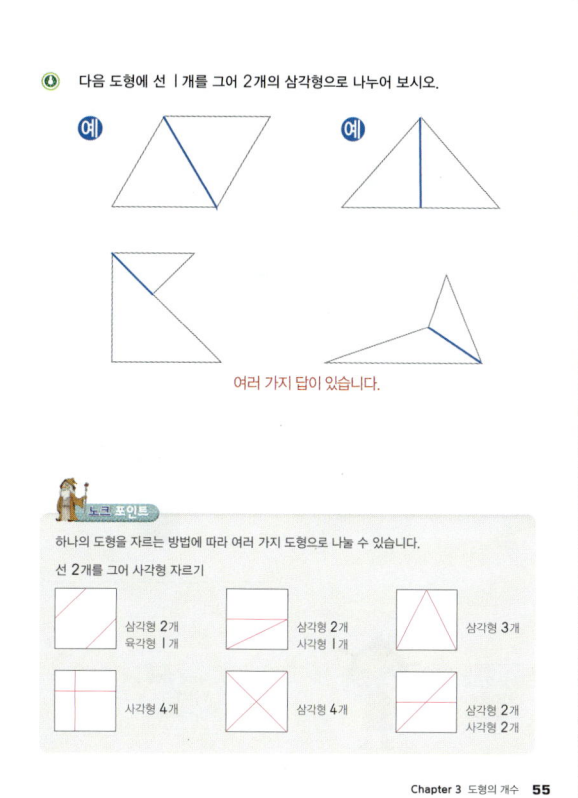

여러 가지 답이 있습니다.

핵심 포인트

하나의 도형을 자르는 방법에 따라 여러 가지 도형으로 나눌 수 있습니다.

선 2개를 그어 사각형 자르기

삼각형 2개 육각형 1개	삼각형 2개 사각형 1개
삼각형 3개	
사각형 4개	삼각형 4개
삼각형 2개 사각형 2개	

색종이 자르기

초이는 선을 따라 색종이를 자르고 있습니다. 선을 따라 잘랐을 때 생기는 각 도형의 개수를 구하시오.

어떤 도형이 나올까?

삼각형	사각형
2	1

삼각형	사각형
2	2

삼각형	사각형
4	0

삼각형	사각형	오각형
2	5	1

[색종이 자르기]

1 보기 와 같이 종이를 한 번 잘라 주어진 도형을 만들어 보시오.

보기

삼각형 1개
오각형 1개

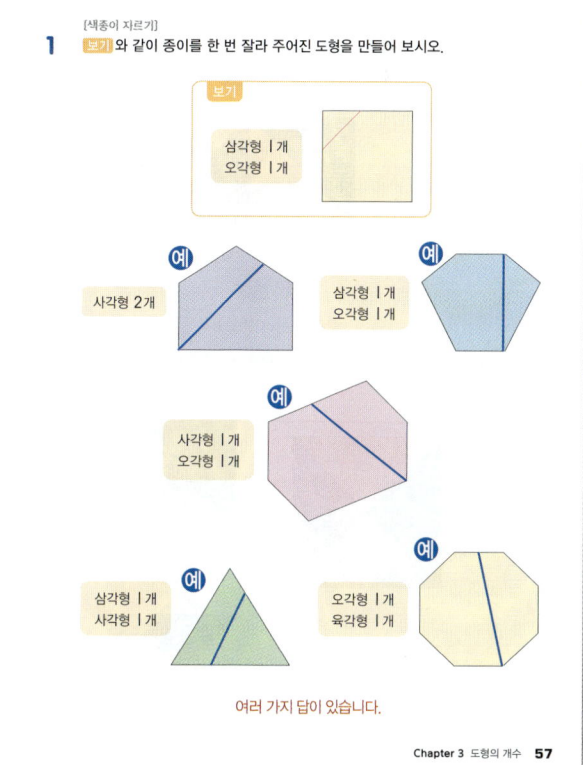

사각형 2개

예

삼각형 1개
오각형 1개

예

사각형 1개
오각형 1개

예

삼각형 1개
사각형 1개

예

오각형 1개
육각형 1개

예

여러 가지 답이 있습니다.

🐻 펜토미노로 만들기

주어진 펜토미노의 모든 변의 길이가 2배로 확대된 도형을 만들려고 합니다. 서로 다른 펜토미노 조각을 사용하여 만들어 보시오.

준비물 펜토미노

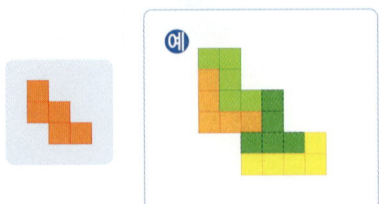

예

예

여러 가지 답이 있습니다.

몇 조각으로 만들어야 하는 거지?

길이를 2배로 늘린 도형을 만들려면 펜토미노 몇 조각이 필요한지 먼저 생각해 보렴.

48 B3 평면도형

[모양 완성하기]

1 펜토미노 12조각을 모두 한 번씩 사용하여 다음 모양을 완성하여 보시오.

준비물 펜토미노

복잡한 모양부터 놓아 보렴.

Chapter 2 칠교와 펜토미노 49

👧 창의적 문제해결력

1 칠교 조각 4개를 사용하여 오각형을 만들어 보시오.

준비물 칠교 스티커

예

오각형

여러 가지 답이 있습니다.

2 다음 모양은 칠교 조각 6개를 사용하여 만든 모양입니다. 사용하지 않은 조각의 기호를 쓰시오. (ㅅ)

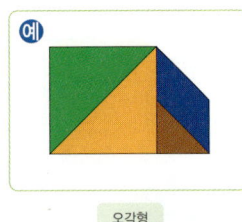

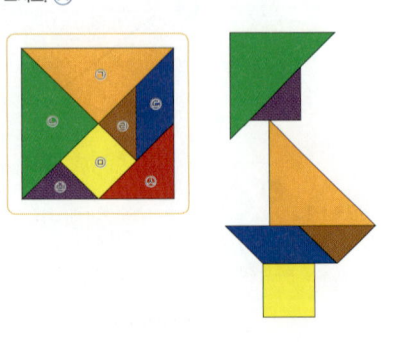

50 B3 평면도형

📹 동영상 특강
QR 코드를 찍어 보세요!!!

3 펜토미노 12조각을 모두 한 번씩 사용하여 사슴 모양을 완성하여 보시오.

준비물 펜토미노

Chapter 2 칠교와 펜토미노 51

정답 및 해설 **11**

⑥ 펜토미노

네 변의 길이가 같은 사각형 5개를 붙여서 만든 펜토미노는 알파벳 모양입니다. 펜토미노와 알파벳을 연결하여 보시오.

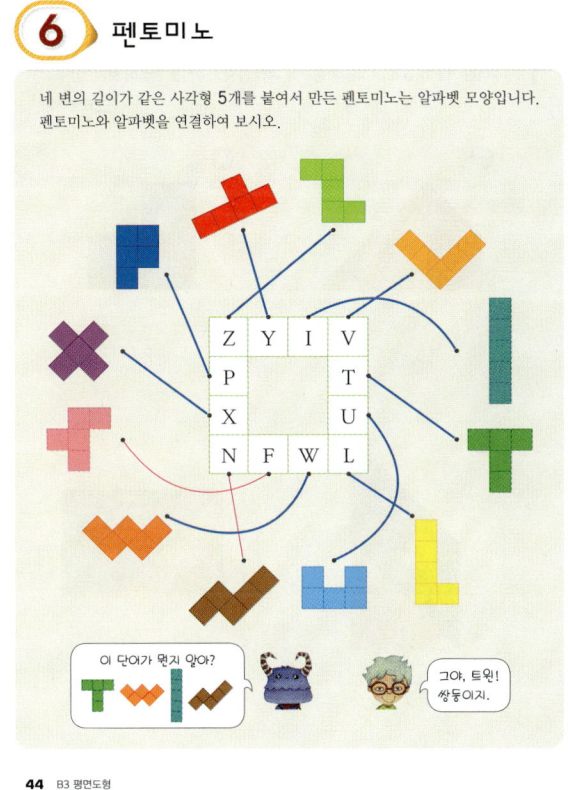

이 단어가 먼지 알아?

그야, 트윈! 쌍둥이지.

🟢 다음 조각 중 펜토미노가 아닌 것을 모두 찾아 ✕표 하시오.

펜토미노는 □ 모양 5개를 변끼리 이어 붙인 모양이지.

□ 모양을 서로 붙일 때에는 변과 변이 꼭 맞닿아야 해.

노크 포인트

펜토미노는 네 변의 길이가 같은 사각형 5개를 이어 붙여 만든 것입니다.

(✕)
꼭짓점이 맞닿아야 합니다.

(✕)
변과 변이 맞닿아야 합니다.

(✕)
사각형 5개를 이어 붙여 만들어야 합니다.

🏴 펜토미노 2조각

주어진 펜토미노 4조각을 한 번씩 사용하여 똑같은 모양 2개를 만들었습니다. 만든 방법을 선으로 나타내어 보시오.

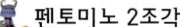

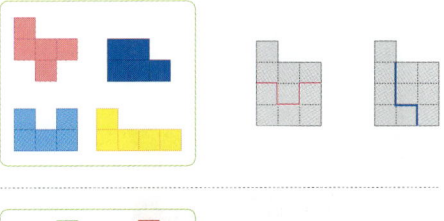

예

또는

[사용하지 않은 조각]

1 다음은 펜토미노 2조각을 사용하여 만든 모양입니다. 오른쪽 조각 중 사용하지 않은 조각을 찾아 ✕표 하시오.

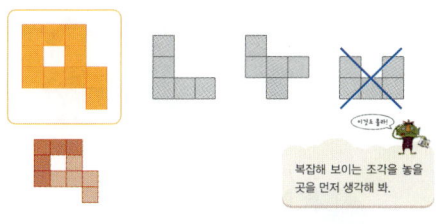

복잡해 보이는 조각을 놓을 곳을 먼저 생각해 봐.

[다른 조각]

2 펜토미노 조각 2개를 사용하여 여러 가지 모양을 만들었습니다. 다음 중 사용한 조각이 다른 모양을 찾아 ✕표 하시오.

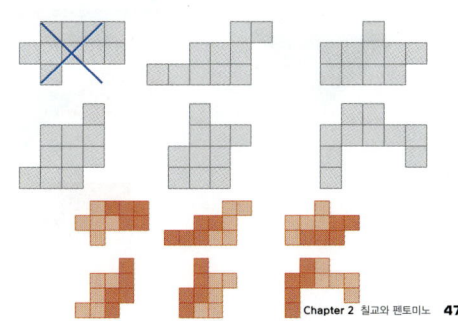

칠교 도형

보기 와 같이 주어진 개수의 칠교 조각을 사용하여 삼각형을 만들어 보시오.

준비물 칠교

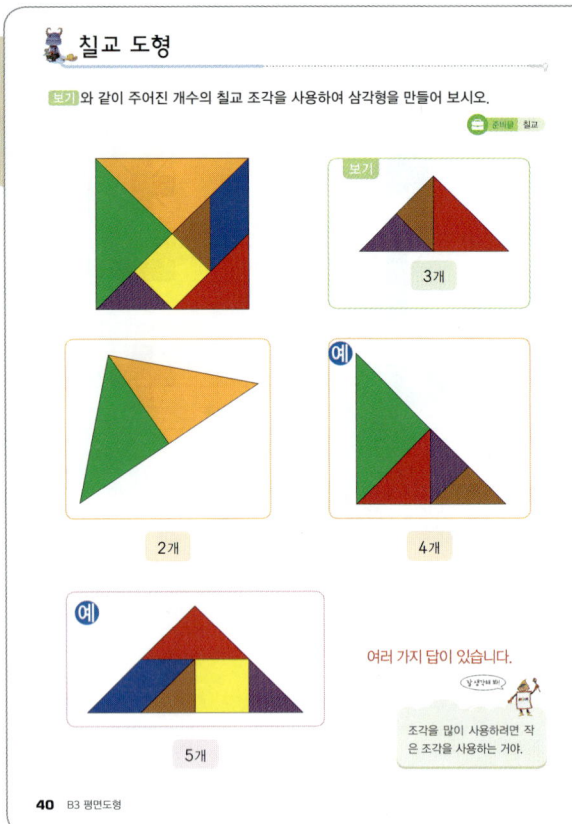

여러 가지 답이 있습니다.

조각을 많이 사용하려면 작은 조각을 사용하는 거야.

[칠교 사각형]
1 주어진 개수의 칠교 조각을 사용하여 여러 가지 사각형을 만들어 보시오.

준비물 칠교

여러 가지 답이 있습니다.

칠교 숫자, 문자

칠교 조각 7개를 모두 사용하여 다음 칠교 숫자를 완성해 보시오.

준비물 칠교

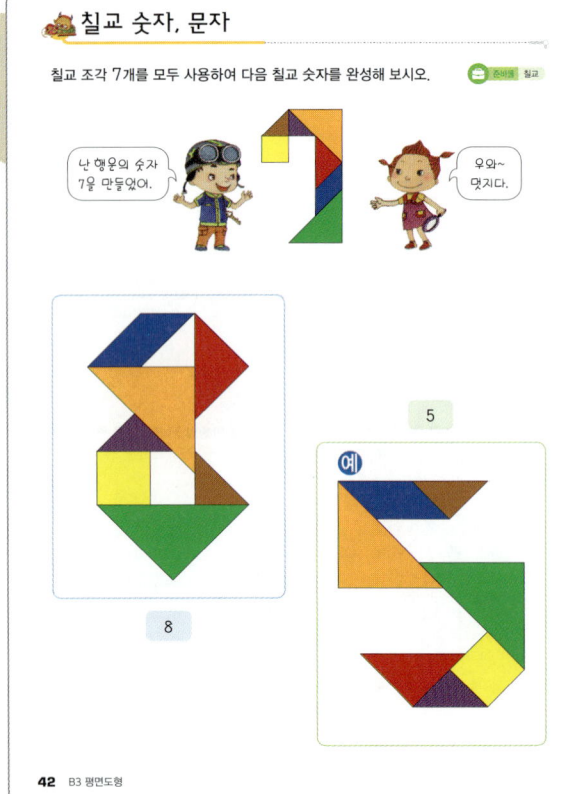

난 행운의 숫자 7을 만들었어.

우와~ 멋지다.

[칠교 자음]
1 아인이는 칠교 조각을 사용하여 다음과 같이 한글 자음을 만들었습니다. 여러분도 원하는 개수만큼 칠교 조각을 사용하여 한글 자음을 만들어 보시오.

준비물 칠교 스티커

'ㅌ'을 만들었어.

자음: ㄴ

ㄱ, ㄴ, ㄷ, ㄹ, ……은 자음.
ㅏ, ㅑ, ㅓ, ㅕ, ……는 모음

여러 가지 답이 있습니다.

정답 및 해설 **9**

🦊 조각 찾기

칠교 조각을 사용하여 만든 모양입니다. 주어진 도형의 종류와 개수에 맞게 만든 방법을 선을 그어 나타내시오.

칠교

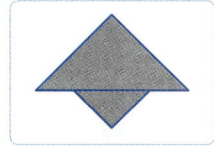
삼각형 2개

예
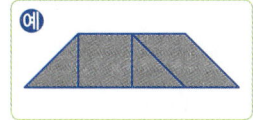
삼각형 2개, 사각형 2개

예
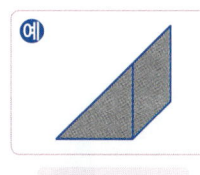
삼각형 1개, 사각형 1개

예
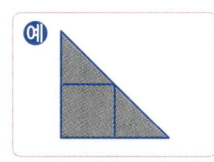
삼각형 2개, 사각형 1개

여러 가지 답이 있습니다.

[사용하지 않은 조각]

1 주어진 개수의 칠교 조각을 사용하여 다음 모양을 만들었습니다. 모양을 만드는 데 사용하지 않은 조각을 찾아 ✕표 하시오.

❶ 4조각

❷ 5조각

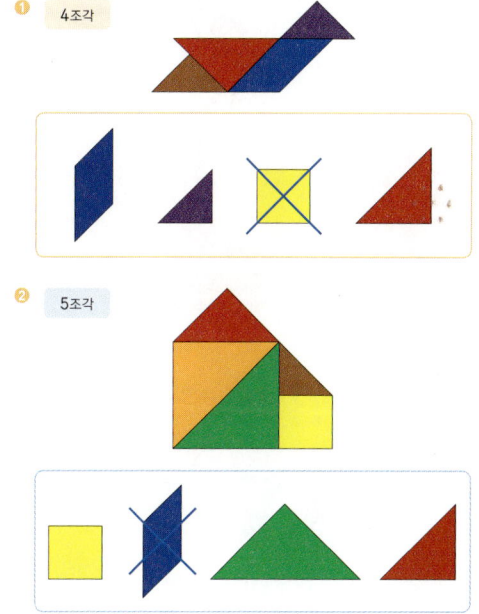

⑤ 칠교 놀이

마법의 칠교 조각을 사용하여 만든 동물은 살아 움직일 수 있습니다. 7개의 칠교 조각을 모두 사용하여 다음 모양을 완성하시오.

준비물 칠교

소와 말이 살아서 뛰어다니도록 만들거라.

말

소

다음 칠교판의 빨간색 조각을 모두 사용하여 주어진 모양을 완성하시오.

준비물 칠교

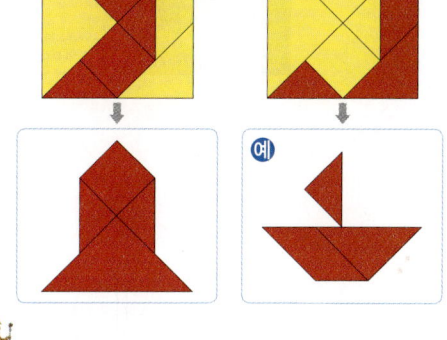

예

🧙 노크 포인트

7개의 칠교 조각을 사용하여 여러 가지 재미있는 모양을 만들 수 있습니다.

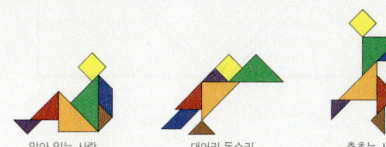
앉아 있는 사람   대머리 독수리   춤추는 사람

8   B3 평면도형

칠교와 펜토미노

④ 칠교

색종이를 사용하여 '지혜의 판'이라 불리는 칠교판을 만들어 봅시다.

> 색종이와 가위를 가지고 만들어 보자~

① 색종이를 점선을 따라 나누어 똑같은 삼각형 2개를 만듭니다.

② 위쪽 삼각형을 점선을 따라 나누어 똑같은 삼각형 2개를 만듭니다.

③ 아래쪽 삼각형을 점선을 따라 나누어 사각형과 삼각형을 만듭니다.

④ 사각형을 점선을 따라 나누어 똑같은 사각형 2개를 만듭니다.

⑤ 두 개의 사각형을 점선을 따라 각각 나누어 삼각형 2개와 사각형 2개를 만듭니다.

칠교판 완성!!

🕐 칠교판을 보고 물음에 답하시오.

● 칠교 7조각 중 사각형과 삼각형은 각각 몇 개씩 있습니까?

삼각형: 5 개   사각형: 2 개

● 모양과 크기가 같은 조각을 짝지어 기호를 쓰시오.

(㉠ , ㉡)   (㉢ , ㉣)

● ㉣조각을 2개 이어 붙여서 만들 수 있는 조각을 모두 찾아 기호를 쓰시오.

㉢ , ㉤ , ㉥

노크 포인트

칠교 놀이는 사각형을 나누어 만든 7개의 조각을 사용하여 여러 가지 모양을 만드는 놀이로서 5000년 전에 중국에서 처음 시작되었습니다. 7개의 조각으로 나뉘어진 사각형 모양의 판은 중국에서 '지혜의 판'이라고 불렸으며, 탱그램(tangram)이라는 이름으로 전 세계로 퍼져나가게 되었습니다.

칠교

길이가 같은 변

칠교에서 길이가 같은 변은 같은 색으로 나타내시오.

> 모눈의 칸 수를 잘 세어 보면 알 수 있지.

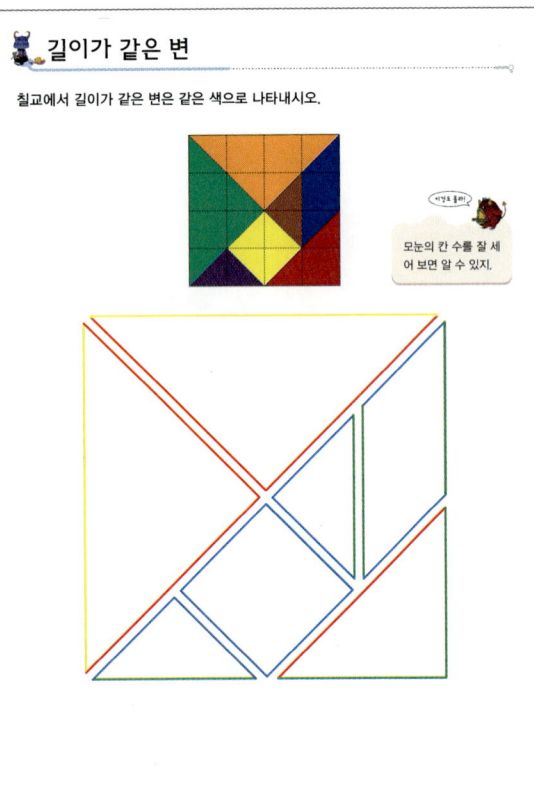

[칠교로 만든 조각]

1 칠교 조각을 길이가 같은 변끼리 이어 붙여 다른 칠교 조각을 만들 수 있습니다. **보기**와 같이 빈 곳에 알맞은 칠교 조각을 그리고 기호를 쓰시오.

보기

➡

①

➡

②

➡ ㉠ 또는 ㉡

③

➡ ㉠ 또는 ㉡

정답 및 해설 **7**

🍕 원 나누기

아인이는 원 모양의 피자를 다음과 같이 2번 잘라 3조각으로 만들었습니다. 다음 피자를 3번 잘라 주어진 수만큼 피자 조각을 만들어 보시오.

2번 잘라서 3조각을 만들었어.

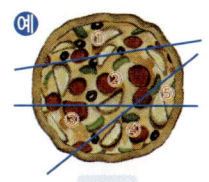

자르는 선끼리 만나는 점이 많을수록 조각의 수가 많아진단다.

예

4조각

예

5조각

6조각

7조각

여러 가지 답이 있습니다.

[색종이 자르기]

1 초이는 색종이 위에 선 4개를 긋고 선을 따라 색종이를 자릅니다. 초이가 원하는 조각의 수에 맞게 선 4개를 그어 보시오.

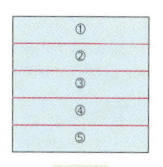

5조각   6조각

예
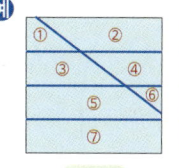   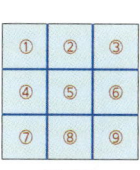

7조각   8조각   9조각

10조각   11조각

여러 가지 답이 있습니다.

👧 창의적 문제해결력

1 주어진 패턴블록을 모두 사용하여 삼각형을 만드시오. [준비물] 패턴블록

3개

3개

예

2 [보기]와 같이 크기가 같은 2개의 원을 겹쳐 그리면 3부분이 생깁니다. 7부분이 생기도록 크기가 같은 원 3개를 그리시오.

보기

↓
3부분

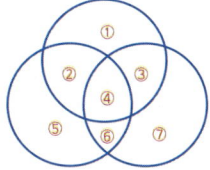

♥ 동영상 특강
QR 코드를 찍어 보세요!

3 다음 모양에서 찾을 수 있는 원의 개수를 쓰시오. 9개

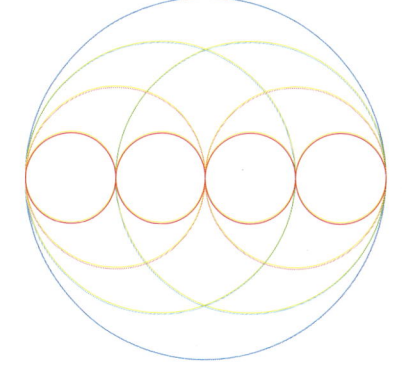

③ 원

지오는 점 ㅇ에서 같은 거리에 있는 점을 둥글게 이어 원을 그렸습니다. 여러분도 지오와 같은 방법으로 점을 이어 원을 그려 보시오.

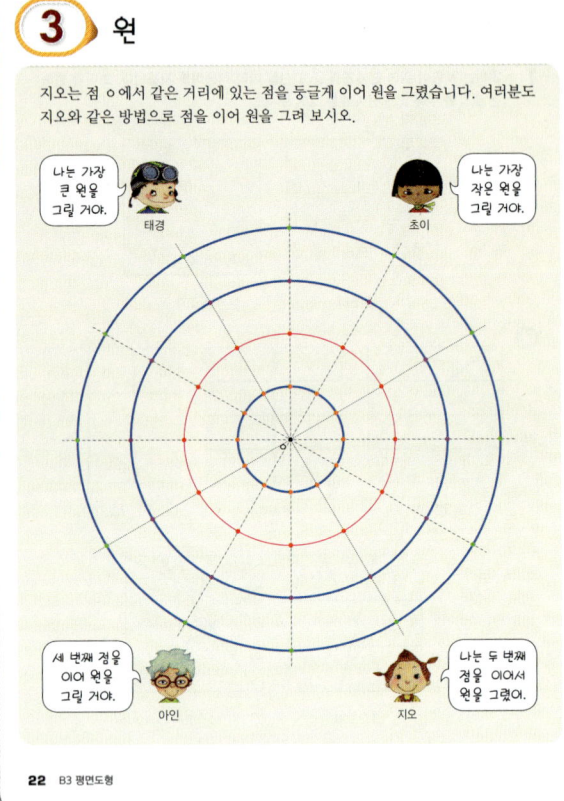

나는 가장 큰 원을 그릴 거야. 태경

나는 가장 작은 원을 그릴 거야. 초이

세 번째 점을 이어 원을 그릴 거야. 아인

나는 두 번째 점을 이어서 원을 그렸어. 지오

원을 찾아 모두 색칠하시오.

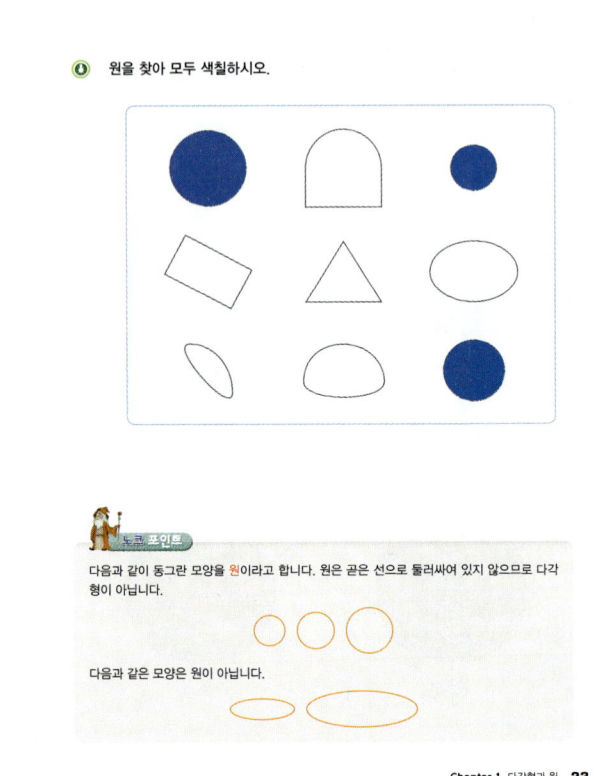

포인트

다음과 같이 동그란 모양을 원이라고 합니다. 원은 곧은 선으로 둘러싸여 있지 않으므로 다각형이 아닙니다.

다음과 같은 모양은 원이 아닙니다.

 원

울보 요괴가 그린 원의 일부를 장난 요괴가 지워버렸습니다. 지워진 원의 일부분을 그려 원을 완성하고, 울보 요괴가 그린 원은 모두 몇 개인지 구하시오.

원을 조금씩 지워 버렸지~~ 히히!! 장난 요괴

왜 지우는 거야! 잉잉~ 울보 요괴

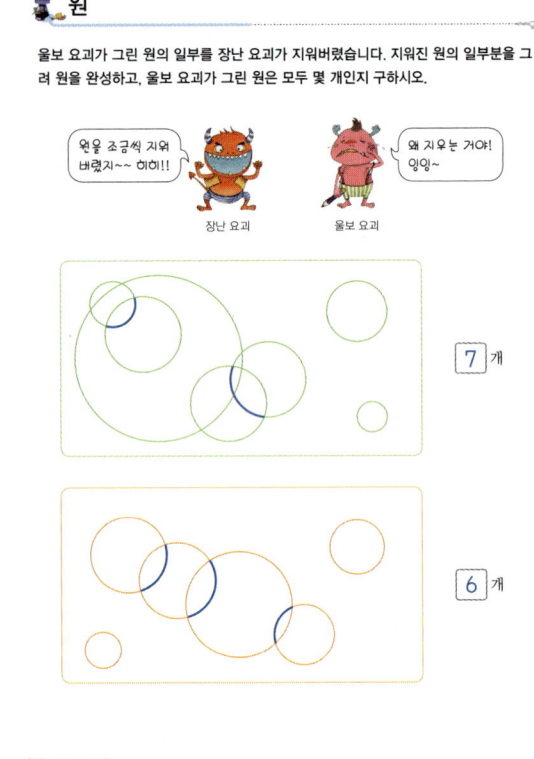

7 개

6 개

[원 그리기]

1 점선을 따라 그릴 수 있는 원은 모두 몇 개인지 구하시오. 6개

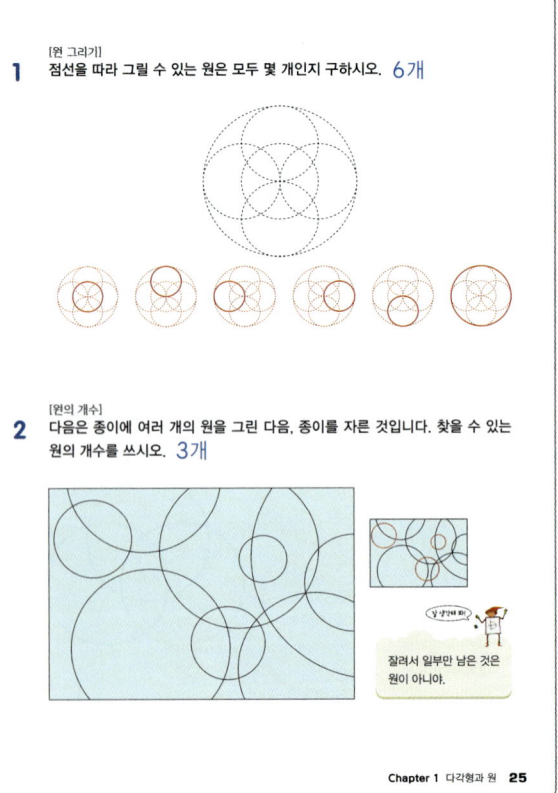

[원의 개수]

2 다음은 종이에 여러 개의 원을 그린 다음, 종이를 자른 것입니다. 찾을 수 있는 원의 개수를 쓰시오. 3개

잘려서 일부만 남은 것은 원이 아니야.

정답 및 해설 **5**

🔷 다각형 만들기

다음 패턴블록을 사용하여 주어진 다각형을 만들어 보시오. 🟢준비물 패턴블록

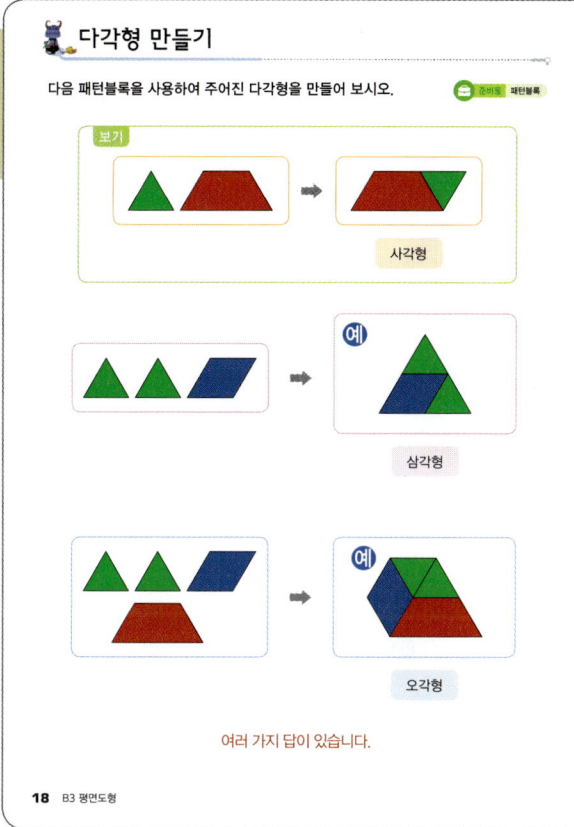

여러 가지 답이 있습니다.

[패턴블록 3개]

1 패턴블록을 이어 붙여 주어진 다각형을 만들어 보시오. 🟢준비물 패턴블록

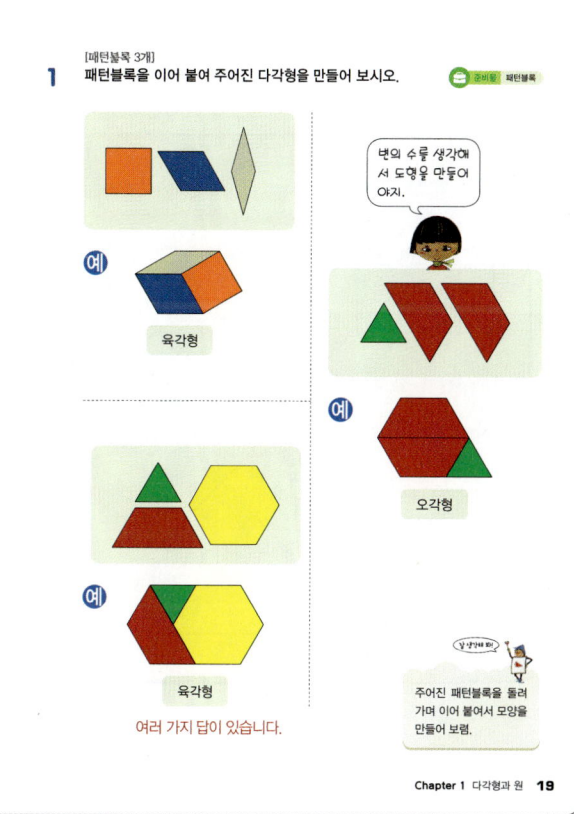

여러 가지 답이 있습니다.

주어진 패턴블록을 돌려가며 이어 붙여서 모양을 만들어 보렴.

🔶 가장 적게, 가장 많게

아인이는 삼각형 패턴블록 조각을 여러 개 이어 붙여 다양한 모양을 만들고 있습니다.
아인이가 만들 수 있는 모양을 찾아 어떻게 이어 붙였는지 선을 그어 나타내시오.

정말 다양한 모양을 만들 수 있네.

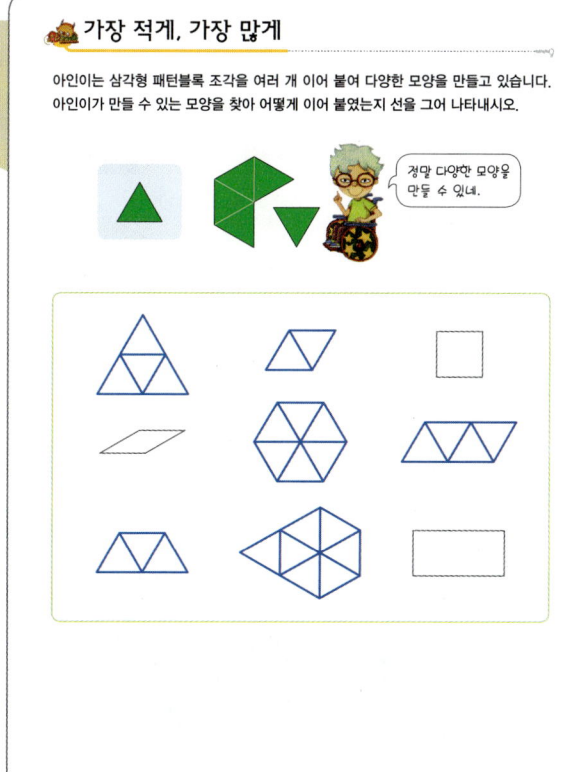

[패턴블록 삼각형]

1 태경이는 패턴블록 조각 5개를 사용해서 삼각형을 만들었습니다. 태경이와 같이 정해진 수의 패턴블록 조각을 사용하여 삼각형을 만들어 보시오. 🟢준비물 패턴블록

나는 패턴블록 5개를 사용해서 만들었어.

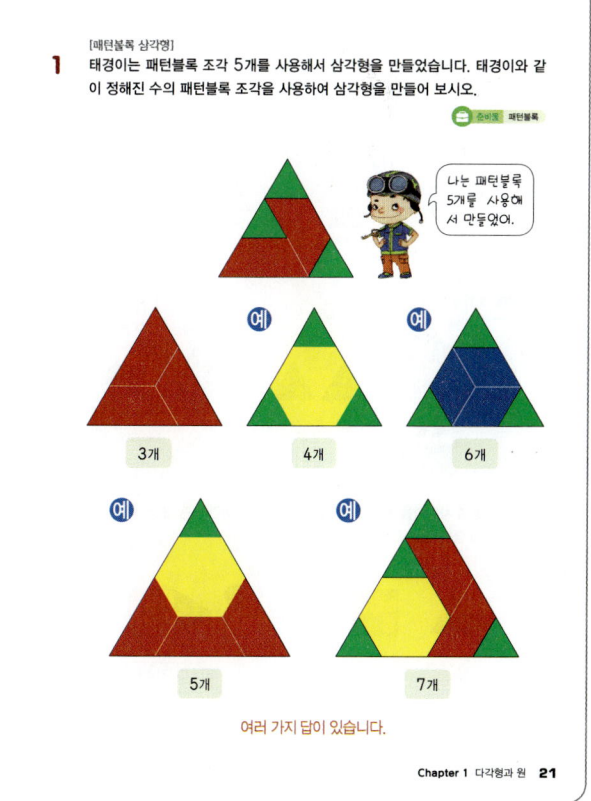

여러 가지 답이 있습니다.

🦔 다각형

14 15

운동장에 그려진 선을 따라 도형 3개를 색칠하여 삼각형을 만들었습니다. 같은 방법으로 사각형, 오각형, 육각형을 만들어 보시오.

예

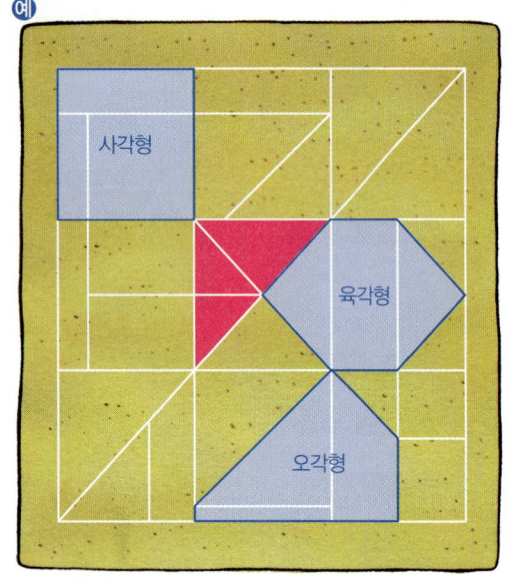

여러 가지 답이 있습니다.

[변이 7개, 8개]

1 모눈 위에 변이 7개인 다각형과 8개인 다각형을 각각 그리고, 그린 도형의 이름을 쓰시오.

> 변이 3개면 삼각형, 변이 4개면 사각형이야. 변이 7개면? 8개면?

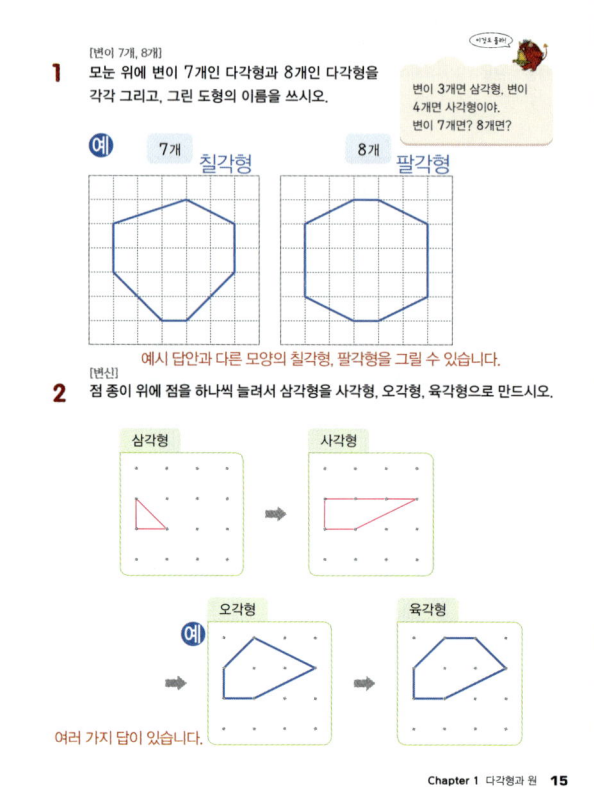

예시 답안과 다른 모양의 칠각형, 팔각형을 그릴 수 있습니다.

[변신!]

2 점 종이 위에 점을 하나씩 늘려서 삼각형을 사각형, 오각형, 육각형으로 만드시오.

여러 가지 답이 있습니다.

---

② 패턴블록과 다각형

16 17

태경이와 지오는 멍하니 요괴에게 도형 수수께끼를 내었습니다.

멍하니 요괴야! 3 더하기 3은 6이야. 그러면 삼각형 더하기 삼각형은 어떤 도형이지?

응…… 그러니까…… 육각형!!!

멍하니 요괴야 잘 봐. 삼각형 두 개를 붙여 볼게.

삼각형 두 개를 더하니까 사각형이 되었어!

다음 삼각형과 사각형을 길이가 같은 변끼리 이어 붙이면 어떤 도형이 되는지 만들어 보고 만든 도형의 이름을 쓰시오.

오각형

다음과 같은 6개의 블록을 패턴블록이라고 합니다. 물음에 답하시오.

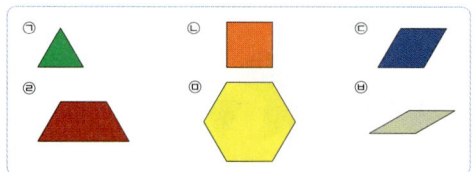

- 패턴블록 중 사각형 조각을 모두 고르시오. ㉡, ㉢, ㉣, ㉤
- 패턴블록 중 변의 수가 가장 적은 조각을 고르시오. ㉠
- ㉠조각을 여러 개 이어 붙여 만들 수 없는 조각을 모두 고르시오. ㉡, ㉤

🐾 포인트

패턴블록 6조각은 삼각형 1개, 사각형 4개, 육각형 1개로 이루어져 있습니다. 패턴블록 조각을 이어 붙여 새로운 다각형을 만들 수 있습니다.

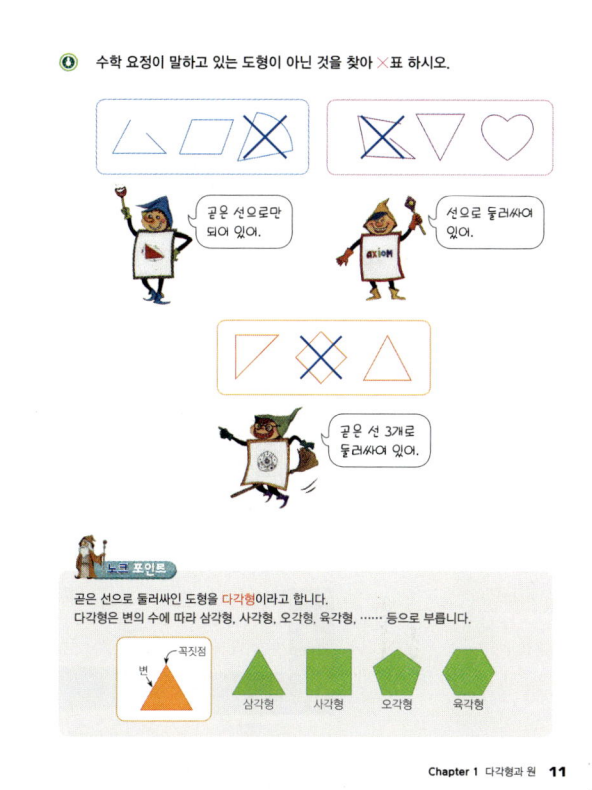

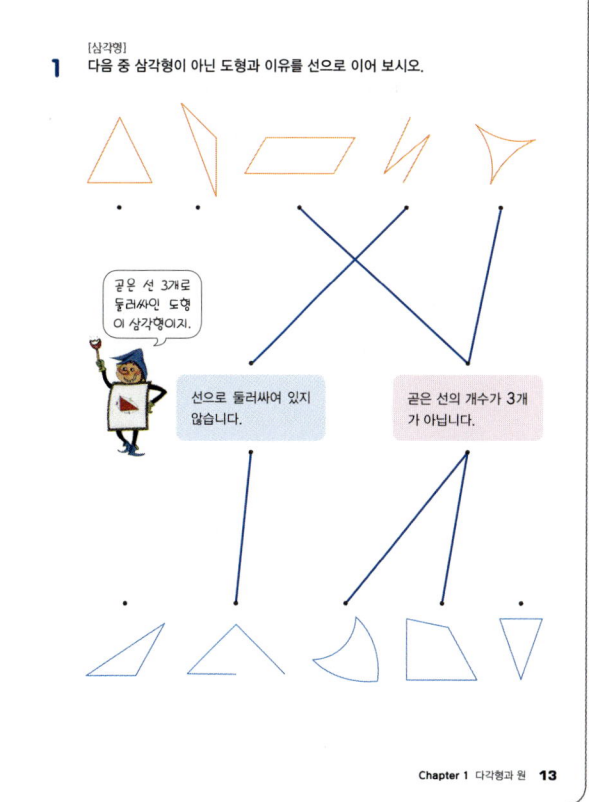

Chapter 1

다각형과 원

1 다각형

꼬마 요괴들이 각자 자기가 가지고 있는 도형을 소개하고 있습니다.

거꾸로 요괴와 울보 요괴가 가지고 있는 도형은 어떤 특징이 있는지 잠만자 요괴의 도형과 비교하여 말해 보시오.

잠만자 요괴의 도형은 곧은 선으로 둘러싸여 있고, 거꾸로 요괴의 도형은 완벽하게 둘러싸이지 못했습니다. 잠만자 요괴의 도형은 곧은 선으로 이루어져 있으나, 울보 요괴의 도형은 굽은 선이 있습니다.

수학 요정이 말하고 있는 도형이 아닌 것을 찾아 ╳표 하시오.

개념 포인트

곧은 선으로 둘러싸인 도형을 다각형이라고 합니다.
다각형은 변의 수에 따라 삼각형, 사각형, 오각형, 육각형, …… 등으로 부릅니다.

삼각형   사각형   오각형   육각형

삼각형, 사각형

다음 중 사각형이 아닌 것에 ╳표 하시오.

사각형

[삼각형]

1 다음 중 삼각형이 아닌 도형과 이유를 선으로 이어 보시오.

선으로 둘러싸여 있지 않습니다.

곧은 선의 개수가 3개가 아닙니다.

정답 및 해설

누구나
쉽고 재미있게

사고력 수학

노크

B3
(9~10세)

평면도형

정답및 해설

평면
도형

B3
(9~10세)

누구나 쉽고 재미있게
사고력
수학

놀고

천재교육